# 30 CONTES
# DU VIÊT-NAM

87, quai Panhard-et-Levassor – 75647 Paris cedex 13
ISBN : 978-2-0812-4218-0

NGUYỄN-XUÂN-HÙNG

# 30 CONTES DU VIÊT-NAM

*Illustrations de Frédéric Sochard*

Flammarion Jeunesse

CHINE
HANOI
Haiphong
Golfe du Tonkin
Île Hainan
LAOS
THAÏLANDE
Da Nang
VIÊT-NAM
CAMBODGE
Hô Chi Minh-Ville (jusqu'en 1975 Saigon)
Golfe de Thaïlande
MER DE CHINE MÉRIDIONALE
1000 km

# Avant-propos

*Bien avant que l'écrit n'existe, les hommes transmettaient leurs traditions, leur histoire, leur culture par l'intermédiaire des contes et légendes. Ces récits relient les générations entre elles, véhiculent le bon sens populaire, la sagesse des Anciens, les croyances et les expériences collectives. Elles constituent aussi la base d'une certaine culture, souvent racontée avec esprit et humour, et introduisent la plupart du temps une morale. Dans l'opposition entre le Bien et le Mal, le juste triomphe à chaque fois, le méchant est toujours puni. L'amitié, l'amour sont récompensés, les hypocrisies, les traîtrises promises à l'échec. L'intelligence est mise en valeur, la cupidité montrée du doigt. La justice (humaine ou divine) est là pour arbitrer et aplanir tout problème. Si d'aventure la fin est triste, c'est qu'il y a une leçon à méditer.*

*Dans le cas du Viêt-nam, ces récits décrivent aussi la société avec ses coutumes, ses pratiques, ses croyances, à travers lesquelles on devine certains aspects de la mentalité et de l'âme profonde du pays. Très souvent le héros de l'histoire est un orphelin : le pays a toujours été le théâtre de guerres et de destructions. Mais la solidarité familiale ou l'organisation sociale ont toujours apporté une compensation. La femme est omniprésente, car personnage central de la famille, son rôle est effectivement déterminant et reconnu dans tous les aspects de l'histoire, de l'économie, de la tradition. La réussite est affaire de travail et de volonté. Quand cela ne suffit pas, le Ciel vient toujours en aide aux méritants. L'intervention divine est souvent évoquée, car dans une organisation sociale où la justice des hommes peut être défaillante, le peuple trouve le réconfort dans la croyance et la morale religieuse. Enfin, la conduite exemplaire de certains héros constitue aussi la sève du sentiment patriotique.*

*Mémoire collective des peuples, les contes et légendes peuvent s'affranchir des limitations géographiques et temporelles. Si au départ ils reflètent leurs différences, en se diffusant ils s'adaptent, et s'approprient de nouveaux modes d'expression, pour devenir universels. Les nouvelles générations hériteront ainsi d'une conscience plus vaste, qui intègre pourtant un patrimoine précieux. On ne connaît pas de société sans légendes, tout comme il ne peut y avoir de civilisation sans histoire.*

# L'ATTENTE
## *Hòn vọng phu*

Il était une fois, dans la province de Bình-Định, un vieux couple qui vivait sans enfant. Le mari craignait de voir s'éteindre sa lignée. Mais comme il aimait beaucoup sa femme, il n'avait jamais songé à prendre une seconde épouse. De son côté, son épouse pensait qu'elle avait dû commettre quelque faute grave dans une vie antérieure et que cette stérilité était sa punition. Aussi allait-elle souvent prier à la pagode, espérant mériter ainsi le pardon, et pouvoir donner naissance à un enfant.

Un jour, elle apprit que dans une grotte de la région voisine il y avait une pagode dédiée à la déesse de la Miséricorde (Phật Bà Quan-Âm) qui accomplissait des miracles. Elle s'y rendit, et après avoir prié et fait des offrandes, elle se sentit poussée par une envie irrésistible de caresser la statue représentant la déesse portant un enfant dans les bras. Sur le chemin du retour, elle eut l'impression qu'une présence invisible la suivait.

Quelque temps après, elle présenta tous les symptômes d'une grossesse. Les époux remercièrent le Ciel d'avoir exaucé leur vœu le plus cher. Mais bientôt leur joie fut quelque peu atténuée, car l'enfant tant attendu était une fille. Heureusement, l'année suivante ils eurent un deuxième enfant, et c'était un garçon. Leur bonheur fut complet, et ils remercièrent le Ciel de tout leur cœur.

Les deux enfants grandirent, entourés par l'affection de leurs vieux parents. Un jour qu'ils se trouvaient dans un champ de canne à sucre, ils s'amusèrent à chaparder. Bientôt, ils se disputèrent avec véhémence un beau morceau de canne. Le jeune garçon, mû par une folle impulsion, jeta sur sa sœur le couteau qu'il avait à la main. Celui-ci alla se planter à la base du cou de la jeune fille, provoquant un flot abondant de sang. Pris de panique, le garçon s'enfuit, sans se rendre compte que, finalement, la blessure n'était pas si grave et que sa sœur n'était que blessée.

Elle revint à la maison. Les parents, qui étaient prêts à tout pardonner à leur fils, l'attendirent en vain. Ils l'avaient recherché sans résultat. Le garçon avait déjà quitté la région. Le vieux couple, miné par le chagrin, commença à tout négliger. Ne s'occupant plus de leurs champs, ils devinrent pauvres. Bientôt, ils tombèrent malades. Ils moururent, laissant la fille seule et sans grandes ressources. Elle dut vendre ce qui restait de la maison et quitter à son tour la région.

De son côté, le jeune garçon, au bout de sa course désespérée, arriva au bord de la mer. Il s'engagea comme mousse sur un navire marchand et partit sur les mers. Des années passèrent en aventures qui affermirent son corps et son caractère. Il devint un bel homme, et réussit même à amasser une petite fortune. Mais il vivait avec le remords d'avoir tué sa sœur.

Un jour, cependant, le souvenir de son enfance le poussa à revenir au pays. Tout était différent, et la maison familiale avait disparu. Il apprit la mort de ses parents. Après tant d'années d'aventures et d'errance, il décida de s'établir là, maintenant qu'il était de retour dans son village natal. Quelque temps après, lors d'une de ses tournées d'affaires dans une région voisine, il fit la connaissance d'une jeune femme qui vendait du lait de coco au bord de la route. Il apprit qu'elle était devenue orpheline très jeune comme lui, et il se dégageait d'elle une indéfinissable tristesse qui lui rappelait la sienne.

La similitude de situation provoqua une grande attirance entre eux et il proposa à la jeune femme de l'épouser. Elle accepta.

Tous deux reprirent goût au bonheur. Bientôt la naissance d'un beau garçon les combla de joie. Un jour d'été, dans la chaleur de l'après-midi, alors que la femme était en train de se laver les cheveux près du puits, son mari remarqua une profonde cicatrice à la base de son cou. Intrigué, il lui en demanda la cause. Elle lui raconta sa triste histoire : celle qu'il avait épousée était sa sœur. Malgré l'insoutenable vérité, il décida de ne rien dire. Il profita de la mobilisation générale décrétée à ce moment-là pour s'engager dans la marine et partit encore une fois, espérant trouver la délivrance en mourant au combat.

Les années passèrent. La femme vivait dans l'attente de son retour et dans l'ignorance de la vérité, tout en élevant avec amour son enfant. Mais les nouvelles n'arrivaient pas, et la guerre durait. Chaque jour, elle prenait son enfant dans ses bras, et montait en haut de la colline qui dominait le village pour scruter la mer, espérant apercevoir une voile qui lui ramènerait son bien-aimé. Elle restait de plus en plus souvent et de plus en plus longtemps sur le rocher, et finit par se changer en statue ainsi que son enfant. Son attente se prolongea ainsi pour l'éternité.

Aujourd'hui, le voyageur qui longe en bateau la côte entre Nha-trang et Bình-Định peut apercevoir une haute montagne surplombant la mer. Sous un certain éclairage au soleil couchant, elle ressemble à une gigantesque statue : celle d'une femme, un enfant dans les bras, regardant vers la mer dans la direction du nord. Cette montagne s'appelle « Hòn vọng phu », « Celle qui attend son époux ».

## Histoire du ver à soie

*Con Tơ*

Il était une fois une jeune fille qui s'appelait Tơ. Ses parents étaient morts alors qu'elle était encore enfant. Elle fut donc obligée de se placer comme domestique chez une riche harpie. Celle-ci avait un caractère exécrable et était si cruelle qu'elle battait souvent Tơ. Excédée de tant de brutalité, Tơ s'enfuit un jour dans la forêt. Elle préférait affronter les dangers plutôt que d'endurer plus longtemps les mauvais traitements de sa maîtresse. Elle courut longtemps, se blessant les pieds et les mains sur les rochers, déchirant ses vêtements aux branches, se salissant dans les marais boueux. Enfin, exténuée, elle se laissa tomber au pied d'un arbre et s'endormit.

Le génie des lieux avait le don de connaître le fond de l'âme humaine, il sut la détresse de la jeune fille, et décida de la protéger. Quand elle se réveilla, toute sa fatigue avait disparu. Elle était allongée dans une grotte, sur un lit de mousse douce comme du velours. Autour d'elle, à portée de main, se trouvaient toutes sortes de fruits aussi succulents que parfumés. Comme elle avait faim, elle en mangea avec délice, et fut bientôt rassasiée. À peine son repas terminé, elle vit arriver un vieillard à l'aspect bienveillant. Celui-ci n'était autre que le génie de la Forêt. Il feignit d'être surpris de la présence de la jeune fille. Elle lui raconta son histoire. Le vieillard approuva sa fuite. Il dit être bûcheron, et lui offrit de rester dans la grotte. Il ne l'occupait pas souvent, devant se déplacer dans la forêt pour son travail. Il assura Tơ qu'elle pouvait y habiter sans crainte. De plus, il lui expliqua qu'en cas de danger, il suffisait qu'elle appelle « Ô bûcheron » trois fois et il serait aussitôt à ses côtés. Le jour suivant, le bûcheron apporta à Tơ des vêtements neufs et confortables. Dès lors, elle vécut tranquille et libre. Tous les animaux et les oiseaux de la forêt étaient devenus ses amis. Elle rayonnait de bonheur, et sa beauté la fit remarquer par un Immortel. En effet, un Immortel s'était échappé de la cour céleste à cause de ses penchants pour les femmes du monde des mortels. Partout où il passait, il usait de ses pouvoirs magiques pour séduire toutes les femmes, mariées ou pas, depuis les princesses inaccessibles jusqu'aux simples paysannes, pourvu que toutes fussent belles ou suffisamment attirantes. Aussi, quand il vit la jeune ingénue s'ébattre dans la forêt avec tant de grâce et de fraîcheur, un jour qu'elle s'était aventurée loin de la grotte, il fut pris d'une forte envie de la conquérir et se précipita vers elle.

Mais Tơ connaissait la forêt comme sa poche, et elle put lui échapper, tantôt en se cachant dans un buisson, tantôt en sautant par-dessus des fossés, tantôt en se glissant sous les rochers. L'Immortel fut surpris de la voir disparaître si facilement. Il usa alors de ses pouvoirs pour la retrouver et il la surprit dans une cachette. Alors qu'il était sur le point de la capturer, un cerf survint, qui enleva Tơ sur son dos. Après une longue course, il la déposa devant la grotte. Tơ prononça alors trois fois « Ô bûcheron », et le génie apparut. Elle lui raconta sa mésaventure. Le génie lui donna un bracelet de jade qui la rendrait invisible chaque fois qu'elle le souhaiterait.

L'Immortel, furieux de voir une jeune fille lui échapper ainsi, décida de tendre sur tous les sentiers de la forêt des filets tressés de fils si fins qu'ils étaient à peine visibles. Tơ, une fois rassurée par le génie, ne put s'empêcher d'aller se promener et fut ainsi prise dans un des filets. L'Immortel surgit. Mais un éléphant blanc arriva et, cassant le filet d'un coup de défense, il emporta la jeune fille. Elle appela encore une fois le bûcheron. Celui-ci, conscient qu'il ne pouvait lutter contre les puissants pouvoirs de l'Immortel, suggéra à la jeune fille de prononcer le nom de « Quan-Thế-Âm Bô-Tát » la prochaine fois qu'elle aurait des ennuis avec l'Immortel. Il lui précisa aussi qu'elle ne risquait rien tant qu'elle restait dans la grotte.

Pendant un certain temps, Tơ n'osa pas sortir. Mais elle ne put résister à l'envie de courir librement dans la forêt. L'Immortel devina quel chemin elle allait emprunter. Il la prit encore une fois dans ses filets. Aussitôt, Tơ prononça le nom de « Quan-Thế-Âm Bô-Tát ». Alors les mailles du filet fondirent et formèrent une petite boule de la taille d'un haricot. Comme Tơ était en train d'appeler à tue-tête, la bouche grande ouverte, la boule tomba au fond de sa gorge.

Entre-temps, voyant que ses tentatives pour s'emparer de cette simple fille se soldaient toujours par des échecs, l'Immortel décida de mobiliser toutes les forces surnaturelles qui étaient sous ses ordres. Il manda ainsi le génie des Éclairs, celui du Tonnerre, celui du Vent, celui des Pluies à sa rescousse. Ils déclenchèrent des pluies et des orages dévastateurs, afin de décourager tout ce qui pouvait aider ou abriter la jeune fille, sans toutefois la blesser car l'Immortel la voulait vivante.

Surprise en pleine promenade, et devant tant d'acharnement, Tơ eut beaucoup de mal à s'échapper. Un éclair déchira ses vêtements, et bientôt elle fut prise toute nue dans les filets. L'Immortel cria sa satisfaction et s'apprêta à abuser d'elle. Tơ eut alors recours à son bracelet, et disparut. Avec beaucoup de difficultés, elle parvint à regagner la grotte et s'y terra.

Transie de froid et de peur, elle n'osa pas cependant appeler le bûcheron à son aide, à cause de sa nudité. Elle resta ainsi recroquevillée. Soudain, prise de vomissements, elle cracha la boule de fils. Celle-ci se déploya comme un drap. Tơ s'enveloppa dedans et le trouva à la fois doux et chaud. Mais, épuisée par tant d'épreuves, elle sentit sa vie la quitter progressivement. Avant de mourir, elle eut une pensée pour tous ceux qui avaient froid et qui manquaient de vêtements. Elle fit le vœu que les fils qui l'enveloppaient puissent servir de tissu pour fabriquer des vêtements. C'est ainsi qu'elle se transforma en ver à soie.

Afin de réaliser son vœu, l'âme de la jeune fille emporta les fils de soie et les accrocha sur les branches des mûriers qui bordaient les allées du jardin royal, là où le roi et la reine avaient l'habitude de se promener.

C'est ainsi que la reine remarqua les fils. Elle en prit un entre ses doigts, et s'aperçut de sa douceur. Elle voulut le casser, et s'aperçut de sa résistance. En l'exposant au soleil, elle s'aperçut de son éclat. Alors elle donna l'ordre de rassembler tous les fils trouvés sur les branches et de les tisser pour en faire une robe.

La robe terminée, elle la présenta au roi et à la Cour. Tout le monde fut séduit par l'extraordinaire souplesse et la beauté miroitante qui se dégageaient de la robe et qui rehaussaient la grâce de celle qui la portait. Depuis, ordre fut donné dans tout le pays d'élever des vers à soie et de cultiver des mûriers. La soie devint une des principales richesses du royaume.

## Le buffle, le tigre et l'intelligence ou comment le tigre eut ses rayures

*Con cọp và trí-khôn*

Dans les temps très anciens, les hommes menaient les buffles aux champs en les tirant par une corde attachée à leurs cornes. Ce n'était pas toujours facile, et les buffles allaient souvent où ils voulaient.

Un jour, quelqu'un eut l'idée de passer un anneau dans leurs naseaux et d'y nouer la corde. Depuis, les buffles suivaient docilement. Et ainsi, même les enfants pouvaient les garder.

Un jour, après les travaux de labour, un jeune gardien laissa son buffle paître tranquillement à la lisière de la forêt. Survint le tigre, qui en ce temps-là n'avait pas de rayures sur sa robe jaune.

Le féroce animal s'étonna de l'obéissance du puissant buffle que lui-même craignait.

Il lui demanda :

— Buffle, pourquoi obéis-tu à ce frêle humain, toi dont la force égale la mienne ?

Le buffle lui répondit :

— Physiquement, le petit homme est faible, mais son intelligence est plus puissante que nos cornes et nos griffes !

Étonné, le tigre s'adressa alors au garçon :

— Dis-moi, petit homme, où est ton intelligence qui fait peur même au puissant buffle ?

Le petit gardien lui répondit :

— Je n'ai pas apporté mon intelligence avec moi. Je l'ai laissée à la maison.

— Alors, va la chercher, lui suggéra le tigre.

— Mais tu vas profiter de mon absence pour dévorer mon buffle ! Si tu acceptes que je t'attache, j'irai chercher mon intelligence pour te la montrer.

Le tigre hésita mais, poussé par la curiosité, accepta la proposition. Le garçon demanda au tigre de s'aplatir contre un solide tronc d'arbre, prit une longue corde et l'attacha solidement en faisant plusieurs tours.

Une fois qu'il eut fini, il prit un gros gourdin et se mit à battre le tigre, en s'exclamant :

— Voici mon intelligence !

Sous les coups, le tigre se débattit de douleur et de rage. Il se débattit si violemment que sa peau fut brûlée, à force de frotter contre les cordes. Voici pourquoi les tigres ont des rayures noires sur leur robe jaune.

Le tigre parvint finalement à se dégager et s'enfuit dans la forêt sans demander son reste.

Le buffle, qui assistait à la scène, fut pris d'un fou rire. Il riait en secouant si fortement sa lourde tête qu'il cogna sa mâchoire par terre à s'en casser les dents. C'est ainsi que les buffles n'ont plus de dents à la mâchoire supérieure.

# Histoire du moustique
*Con Muỗi*

Il était une fois un brave paysan du nom de Ngọc-Tâm, c'est-à-dire Cœur de diamant. Il portait bien son nom, car il était bon et généreux. Il avait une épouse du nom de Nhan-Diệp. Comme son nom l'indique, elle était belle et pleine de grâce. Cependant, autant Ngọc-Tâm était travailleur et économe, autant son épouse était paresseuse et aimait le luxe. Malgré cela, Ngọc-Tâm adorait sa femme. Il lui pardonnait tout et pensait qu'ils allaient vieillir ensemble jusqu'à leur mort.

Mais voilà qu'en pleine force de l'âge Nhan-Diệp mourut. Ngọc-Tâm sombra dans la plus grande détresse. Sa douleur était telle qu'il ne voulut pas enterrer son épouse. Ne pouvant plus supporter la maison sans la présence de sa bien-aimée, il vendit tous ses biens, acheta un bateau, embarqua le cercueil contenant le corps de son épouse et quitta le pays. Il erra au gré du courant, n'ayant en tête aucune destination précise.

Un jour, son bateau l'amena au pied d'une montagne verdoyante et fleurie. Il sauta sur la berge et découvrit un paysage empreint de paix et de beauté. Partout il y avait des fleurs d'un parfum exquis et des arbres chargés de fruits. Enchanté, Ngọc-Tâm continua son exploration. Bientôt, il rencontra un vieillard aux longs cheveux blancs tout comme sa barbe abondante. Il se dégageait du vieil homme une grande sérénité et une telle miséricorde que Ngọc-Tâm comprit qu'il avait devant lui le génie des lieux. Il le salua et se prosterna en signe de respect et d'humilité. Puis il l'implora de rendre la vie à l'épouse qu'il aimait tant.

Le génie l'écouta avec attention et finalement lui dit : « Je sens que ton amour et ta douleur sont sincères. Pour cette raison, je vais exaucer ta prière. Cependant, quoi qu'il advienne dans tes relations avec ton épouse, il ne faudra pas que tu le regrettes. » Il demanda au paysan d'ouvrir le cercueil, puis il lui ordonna de se piquer le bout du doigt avec une aiguille et de faire tomber trois gouttes de sang sur le cadavre de Nhan-Diệp. Aussitôt son épouse commença à bouger et ouvrit les yeux comme si elle sortait d'un long sommeil. Ngọc-Tâm fut submergé de joie et de gratitude envers la divinité des montagnes. Avant que le couple ne prenne congé, le génie s'adressa à la femme en ces termes : « N'oublie jamais tes devoirs d'épouse. Souviens-toi toujours de l'amour que ton époux te porte, et de la vie qu'il t'a redonnée. Maintenant partez tous deux, et soyez heureux. » Ngọc-Tâm prit en hâte le chemin du retour, déployant des trésors d'efforts pour faire avancer rapidement son bateau. Un soir, il dut accoster pour aller acheter des vivres. Pendant son absence, la magnifique jonque d'un riche marchand vint s'amarrer à côté de son embarcation. Le propriétaire aperçut Nhan-Diệp et fut conquis par sa beauté. Il chercha à la séduire en lui montrant toutes ses richesses et en l'invitant à visiter son bateau. Il leva l'ancre en emmenant sa nouvelle conquête. À son retour, Ngọc-Tâm, fou de rage, décida de se lancer à la poursuite du riche marchand.

Après de longs mois et beaucoup de difficultés, il parvint enfin à le retrouver. Mais, habituée à la vie facile et confortable, sa femme refusa de revenir avec lui. Il comprit enfin combien elle était cupide et qu'il s'était trompé sur son amour. Il lui dit alors : « Tu es libre de me quitter. Cependant je ne souhaite pas que tu gardes ce qui m'appartient. Aussi je te demande de me rendre mes trois gouttes de sang. » À ces paroles, la femme, ravie de se débarrasser à si bon compte de son stupide mari, se piqua le doigt. Mais dès qu'elle eut fait tomber trois gouttes de sang, elle s'écroula, morte. On raconte que sa cupidité était telle que même après avoir manifesté tant d'ingratitude et d'infidélité à son époux, l'âme de Nhan-Diệp persista à le poursuivre pour lui voler du sang. Elle s'était transformée en un minuscule insecte volant, qui tournoyait sans cesse autour de lui, en vrombissant, cherchant jour et nuit à le piquer.

C'est ainsi que sont apparus les moustiques. On dit que pour pouvoir récupérer plus sûrement ces quelques gouttes de sang, ils se multiplièrent et harcelèrent toute la population. Cependant les gens, instruits de l'ingratitude de Nhan-Diệp, les écrasèrent sans pitié, ne leur laissant que peu de chance d'accomplir leur besogne.

# Histoire des singes aux fesses rouges

*Khỉ đít đỏ*

Autrefois, il y avait un homme très riche, immensément riche. Cependant il était aussi avare que riche. Il comptait tout, et n'était pas tendre avec les pauvres. Sa femme était comme lui, accaparant tout et ne donnant jamais un sou à quiconque.

Le couple n'avait pas d'enfant. Il employait une jeune servante, qu'il nourrissait et logeait, mais à laquelle il ne versait aucun salaire. Elle avait un physique plutôt ingrat, si bien qu'à l'âge de se marier, elle n'intéressait personne. Cependant, elle était gentille et généreuse. Chaque fois que ses maîtres chassaient sans ménagement les pauvres et les mendiants qui venaient quémander quelque nourriture, elle les consolait d'un aimable sourire et de paroles bienveillantes.

Un jour, un vieillard habillé de guenilles, si maigre qu'on aurait dit qu'il n'avait plus que la peau sur les os, vint mendier en clopinant. Il se plaignait de n'avoir rien mangé depuis des jours. Le couple ne voulut même pas lui jeter un regard et le fit chasser par la servante. Celle-ci, avec réticence, fit partir le vieillard, en lui disant dans le creux de l'oreille d'aller l'attendre au coin de la rue. Après le repas de ses maîtres, elle courut apporter au vieux mendiant quelques restes. C'était tout ce qu'elle pouvait lui procurer.

Puis, comme elle s'apprêtait à rentrer rapidement, afin de ne pas se faire réprimander, le vieillard la retint par la manche et lui dit : « La prochaine fois qu'on t'enverra chercher du bois dans la forêt, va te baigner dans le ruisseau près de la clairière, tu seras récompensée de ta bonne action. » Quelques jours après, effectivement, on lui demanda d'aller chercher de quoi faire cuire les repas. La servante, se souvenant des paroles du mendiant, alla au ruisseau indiqué et s'y baigna.

Dès lors, au fil des jours, elle sentit des changements s'opérer en elle. Elle devint de plus en plus belle et gracieuse. Bientôt sa beauté fut renommée dans toute la région. On commença à s'intéresser à elle. Ses maîtres, la voyant ainsi transformée, eurent l'idée de l'adopter afin de la marier à un riche et puissant héritier. Ils pensaient agrandir à peu de frais leur fortune déjà considérable. La jeune fille, orpheline depuis sa tendre enfance, fut toute heureuse d'accepter. On fit le nécessaire auprès des autorités du village.

Cependant, le couple d'avares, intrigué par la transformation de sa fille adoptive, lui demanda quel en était le secret. Débordante de reconnaissance envers ses nouveaux parents, elle leur parla des effets miraculeux du ruisseau, dont elle leur indiqua l'emplacement. Très vite, le couple partit dans la forêt et, arrivé à l'endroit indiqué, se dépêcha de se dévêtir et de plonger dans l'eau.

Alors qu'ils étaient en train de barboter, nos deux pingres s'aperçurent que l'eau devenait brûlante. Ils sortirent précipitamment du ruisseau. Aussitôt, des démangeaisons les prirent et ils se mirent à se gratter. Là où ils se grattaient, des poils leur poussaient en abondance. Bientôt ils en furent entièrement couverts. Quelques instants plus tard, ils étaient devenus des singes. Ils ne pouvaient plus parler, mais poussaient des cris perçants incompréhensibles. Pris de panique, ils regagnèrent en courant leur maison, en oubliant leurs vêtements.

La jeune fille, voyant arriver ces deux singes furieux et hurlants, prit peur et ferma portes et fenêtres.

Le vieux mendiant fit alors son apparition. Il lui dit : « Ne crains rien. Ce ne sont que tes parents adoptifs. Méchants et cupides, ils ont été punis par le Ciel. » Sur ces paroles, il prit sa forme de Bouddha, resplendissant de sérénité. Il conseilla à la jeune fille de placer devant la maison deux pierres chauffées à blanc afin de prévenir toute intrusion des singes.

En effet, les avares ne voulurent pas abandonner leurs biens. Ils se mirent à frapper avec frénésie à la porte d'entrée, sautillant et criant avec fureur. Au bout d'un moment, épuisés par leur hargne, ils vinrent s'asseoir sur les pierres. Aussitôt ils eurent les fesses brûlées, et prirent alors la fuite dans la forêt en glapissant.

On raconte que c'est à cette époque que sont apparus les singes à fesses rouges.

## Histoire de la perle du corbeau

*Ngọc quạ*

Il était une fois un homme du nom de Cân, connu pour sa grande gentillesse et sa candeur. Mais il avait la passion du jeu. Il perdait souvent et s'endettait de plus en plus. Ayant perdu tous ses biens, il fut obligé de se faire gardien de buffles chez un riche fermier. Un jour qu'il était dans les champs, ses créanciers arrivèrent et prirent les animaux en paiement de ses dettes. Désespéré et n'osant rentrer à la ferme où il devrait s'expliquer sur la disparition du troupeau, il se coucha dans l'herbe, complètement prostré.

Un couple de corbeaux passant par là, le croyant mort, vint se poser sur sa tête et s'apprêtait à lui crever les yeux. Le malheureux sursauta et se réveilla. Il attrapa un des corbeaux par les pattes. En colère, il s'adressa à lui en ces termes :

— Tu voulais me manger les yeux, hein ? Alors je vais te tordre le cou et te manger tout cru !

Le corbeau le supplia de l'épargner et, en échange, lui offrit une perle qu'il cracha de son bec.

— Avec cette perle, tous tes souhaits seront réalisés.

Sans lâcher l'oiseau, Cân essaya son premier vœu : voir le troupeau de buffles restitué. Aussitôt les animaux firent leur apparition dans les champs. Tout content, Cân libéra le corbeau, en le remerciant. Il ramena les buffles à la ferme et prit congé de son maître.

Il partit sur les chemins et, arrivé à un endroit désert à l'écart du village, il fit le souhait d'avoir une grande et somptueuse maison. Aussitôt, devant lui, se dressa la demeure la plus belle et la plus riche qu'il pût imaginer. Il désira alors des champs immenses et fertiles, il eut des champs à perte de vue. Il voulut des animaux en grand nombre pour travailler ses terres, il eut tout ce qu'il voulait. Devenu immensément riche, il désira une belle épouse. Aussitôt, la famille d'un notable du village vint lui proposer la main de sa fille unique à la beauté de fée.

Après un certain temps de vie commune, curieuse de la soudaine richesse de son époux, sa femme lui en demanda insidieusement le secret. Devant l'insistance de sa belle épouse, Cân lui avoua sans méfiance la possession de la perle et ses pouvoirs magiques. Gagnée par la cupidité, la femme profita un jour que son mari était parti en voyage pour lui voler la perle. Puis elle retourna dans sa famille.

En rentrant à la maison, Cân constata la disparition, et de sa femme et de sa perle précieuse. Désespéré, il se réfugia dans la montagne pour pleurer son malheur. Bouddha fit son apparition et lui demanda la raison de ses lamentations. Cân lui raconta toute l'histoire. Bouddha lui donna alors deux fleurs coupées, une blanche et l'autre rouge, en lui disant :

— Va accrocher la fleur blanche à la porte de ta belle-famille, et tu verras plein d'événements amusants s'y passer. Avec la fleur rouge, tu pourras ensuite leur venir en aide et réclamer la restitution de la perle et le retour de ta femme.

Cân fit exactement ce qui lui était recommandé. Bientôt, attirée par le merveilleux parfum de la fleur blanche, toute la belle famille, parents et fille, sortit de sa maison. Ils se bousculaient pour humer à plein nez l'étrange fleur. Peu après, chacun vit son nez s'allonger, s'allonger, jusqu'à toucher le sol. Le père s'esclaffa en regardant la mère, qui s'écroulait de rire en voyant sa fille ; celle-ci se tenait les côtes à la vue du nez de ses parents. Mais bientôt, rires et pleurs se mélangèrent, car ils s'aperçurent que leur nez pendait définitivement de leur visage comme une trompe d'éléphant.

Cân fit alors semblant d'arriver pour une visite. Il s'amusait de les voir ainsi, mais leur proposa néanmoins un marché :

— Vous êtes punis pour m'avoir volé la perle. Mais je peux vous rendre vos nez d'avant, à condition que la perle me soit restituée et que ma femme revienne vivre avec moi.

Ils se dépêchèrent d'accepter et promirent même de ne plus jamais chercher à le berner. Une fois la précieuse perle en main, Cân leur fit renifler la fleur rouge, et aussitôt les nez reprirent leur forme normale.

Dès lors, la belle-famille lui voua une grande reconnaissance. Sa femme n'osa plus toucher à la perle, et s'occupa de son mari avec de louables attentions.

Il vécut ainsi heureux et comblé, faisant généreusement la charité et de fréquentes offrandes dans les pagodes pour remercier Bouddha.

Le jour de son dernier souffle, avant que les envoyés de Diêm-Vương ne viennent le chercher, les corbeaux survinrent en croassant devant sa maison. Ils lui dirent :

— Maintenant que tu vas quitter le monde des vivants, tu n'as plus besoin de la perle. Alors il faut que tu nous la restitues.

Cân approuva et aussitôt la perle resplendit d'un extraordinaire éclat, puis disparut.

# Histoire de la voix envoûtante

*Trương-Chi, Mỵ-Nương*

Il était une fois, dans le magnifique palais d'un puissant seigneur, la fille unique du maître des lieux Mỵ-Nương.

Elle était belle et gracieuse. Comme toutes les filles de son rang, elle ne pouvait sortir du palais, et grandissait derrière les murs du vaste domaine.

Elle passait son temps entre les études et la pratique d'arts, telles la peinture, la broderie, la poésie. Son âme était sensible et encline à la mélancolie. Elle se mettait souvent à la fenêtre de sa chambre pour admirer le paysage, regarder l'eau du fleuve qui coulait avec lenteur juste en contrebas, les arbres qui s'y reflétaient.

Un jour qu'elle rêvassait ainsi, elle fut charmée par un chant extraordinairement mélodieux et mélancolique qui montait du fleuve. C'était la voix d'un pêcheur qui tirait son filet. Jour après jour, elle prit l'habitude de l'écouter, ses pensées et son âme sensible bercées par les mélodies du pêcheur. C'était comme un rendez-vous secret qu'elle avait avec lui.

Mais un jour, la voix se tut. Mỵ-Nương attendit en vain. Il n'y eut plus qu'un insoutenable silence. Elle tomba gravement malade, refusant toute nourriture et ne quittant plus son lit. Petit à petit sa beauté la quitta et elle devint pâle et maigre. Les plus grands médecins dépêchés à son chevet ne purent déterminer le mal dont elle souffrait.

Puis, un jour, le chant se fit à nouveau entendre, tout aussi mélodieux et vibrant. Mỵ-Nương recouvra aussitôt des forces, et resplendit de toute sa beauté retrouvée. Elle reprit l'habitude d'écouter la voix merveilleuse et redevint heureuse, à la grande joie de son père qui ne chercha plus à connaître les raisons de sa récente maladie. Mais encore une fois le chant disparut durant de longues journées. Le silence revenant, Mỵ-Nương replongea dans sa léthargie, aussi désespérée que la première fois.

Son père, alarmé, la pressait de questions et finit par découvrir la cause de son mal. Il fit rechercher le pêcheur qu'on amena auprès de sa fille malade.

Le pauvre homme s'appelait Trương-Chi et, contrairement à sa voix féerique, il était d'une laideur repoussante. Ses mains étaient déformées par le dur travail, son visage ridé brûlé par le soleil, son corps rabougri ressemblait aux arbres morts du bord de l'eau. À sa vue, Mỵ-Nương fut effrayée. Le charme de la voix dont l'absence la rendait malade disparut. Sa guérison fut lente mais réelle, elle finit par oublier tout ce qui la faisait rêver, et reprit tranquillement une vie normale.

Mais pour le pêcheur, il en alla autrement. Lui qui vivait sans autre souci que celui de se procurer chaque jour de quoi manger, il était tombé amoureux de cette beauté et de cette grâce qu'il avait eu le bonheur d'émouvoir. Hélas, et il le savait bien, son amour était sans espoir. À quoi pouvait-il prétendre, lui si laid et si pauvre ? Jour après jour, il négligea son travail, tomba malade et finit par mourir. On l'enterra au bord du fleuve, au pied d'un arbre. On attacha sa barque à une branche comme compagnon pour veiller sur sa dernière demeure.

Un jour, lors d'une crue violente, le fleuve ravagea les berges et mit au jour, à la place de la tombe du pêcheur, une boule de jade d'une pureté extraordinaire. Les gens du pays, comprenant que c'était le corps du pêcheur qui s'était transformé, l'accrochèrent à la proue de sa barque pour honorer sa mémoire.

Le seigneur passant par là, conquis par la beauté de la boule de jade, réussit à l'acheter à prix d'or. Il la fit tailler en forme de tasse et l'offrit à sa fille. Lorsqu'elle y versa du thé et la porta à sa bouche, elle vit au fond apparaître l'image du pêcheur, et sa voix mélodieuse en sortit, composant un chant magnifique. Prise d'une immense pitié, Mỵ-Nương se mit à pleurer. Ses larmes tombèrent dans la tasse. Comme par enchantement, celle-ci se désagrégea et disparut.

L'âme du pêcheur fut ainsi libérée de son désespoir, puisqu'il avait enfin touché le cœur de l'être aimé.

Ainsi se termina l'histoire d'un amour impossible.

# Histoire de la feuille de bétel et de la noix d'arec

*Trâu-Câu*

Il était une fois, sous le règne du roi Hùng-Vương, le quatrième de la dynastie, deux frères Sans être jumeaux, ils se ressemblaient à tel point que les gens prenaient facilement l'un pour l'autre.

Ils vivaient en très bonne entente, avec un attachement réciproque rare, ne se quittant jamais. Lorsque leurs parents moururent, les deux frères se promirent de rester ensemble toute leur vie et de continuer ainsi à exploiter leurs terres. Ils travaillaient dur, du matin au soir, sans jamais se plaindre ni se reposer.

Un jour vint où l'aîné épousa une belle jeune fille du village. L'attachement entre les deux frères était si fort que l'aîné demanda à son frère cadet de continuer à habiter avec eux. D'ailleurs sa nouvelle épouse, compréhensive et partageant l'affection de son mari pour le cadet, accepta avec bonne grâce la présence de ce dernier.

Les années passèrent dans le plus parfait bonheur. Tous les jours, les deux frères partaient travailler aux champs, tandis que l'épouse s'occupait de la maison.

L'aîné, très amoureux de sa femme, avait pris l'habitude de rentrer à la maison au milieu de la journée pour être auprès d'elle.

Un jour, victime d'une insolation, le cadet demanda à son frère de le remplacer au champ, et regagna la maison pour se reposer. Il alla s'allonger sur le sofa du salon, après avoir fermé les volets pour mieux s'abriter de la vive lumière du jour.

L'épouse, revenant du jardin où elle était allée cueillir quelques légumes, aperçut dans la pénombre un corps étendu. Croyant que c'était son mari, elle ne le réveilla pas et, se glissant à ses côtés, s'endormit.

Entre-temps, ayant fini son travail, le frère aîné rentra à son tour. À la vue de son épouse et de son frère ainsi couchés, il se mit dans une grande colère, puis sombra dans une immense tristesse. Et, bien que son épouse lui eût expliqué sa méprise, il maudit le mauvais sort qui avait permis à la trahison de s'introduire dans sa famille.

Les relations devinrent si tendues que le cadet, s'accusant d'avoir été à l'origine de ce malentendu, décida de quitter la maison. Pour lui, c'était une manière de sauver le bonheur de son frère aîné et d'éviter toute nouvelle confusion.

Il partit donc droit sur le chemin, ne sachant où aller. Après une longue période d'errance, complètement épuisé, il arriva au bord d'un fleuve. Il ne trouva aucun moyen de le traverser. N'ayant plus la force de continuer, il s'assit sur la rive et se laissa mourir.

Miraculeusement, son corps se transforma en un monticule de pierre à chaux.

Pendant ce temps, s'apercevant de l'absence de son frère, et pris de remords de n'avoir pas été plus compréhensif, l'aîné décida d'aller à sa recherche, afin qu'ils puissent de nouveau être ensemble comme ils se l'étaient promis. Tout en assurant son épouse de son retour rapide, il partit sur le chemin.

Jour après jour, village après village, suivant la trace de son frère cadet, il parvint au bord du fleuve et se trouva bloqué de la même manière. Épuisé lui aussi par la longue route, il se coucha sur la pierre blanche et mourut.

Il se transforma en un arbre fin et élancé, dont les racines enserraient la pierre blanche, et dont le feuillage abondant protégeait de son ombre la pierre brûlée par le soleil. Ses fruits, en forme de noix, avaient la chair fibreuse et l'écorce brillante.

Restée à la maison, l'épouse passait ses journées dans l'inquiétude et la tristesse. Son époux lui manquait. Finalement, ne pouvant plus attendre, elle décida de partir à sa recherche.

Elle prit le même chemin, aidée par les témoignages de gens qui avaient croisé son mari.

Elle parvint ainsi au bord du fleuve, et ne put le franchir. Désespérée et épuisée, elle s'installa au pied du seul arbre qui se dressait à cet endroit. À son tour, elle se laissa mourir. Et elle se transforma en une liane vigoureuse, avec des feuilles en forme de cœur, qui grimpait enlaçant le tronc de l'arbre.

Le temps s'écoula.

Un jour le roi Hùng-Vương, passant par là, s'étonna de la présence de cet arbre inconnu et de cette liane si particulière, qui tous deux avaient pu prendre racine sur cette pierre crayeuse.

Il goûta un fruit, le trouva dur et sec comme une corde. Il goûta une feuille de liane, la trouva amère. Il eut la curiosité d'écraser la noix, de l'enrober dans la feuille, puis d'ajouter au tout un peu de la pierre crayeuse. Il mâcha la préparation. Un liquide rouge comme le sang en sortit. Curieusement, le roi éprouva une impression de fraîcheur dans la bouche et trouva le goût parfaitement acceptable. En interrogeant les gens de la région, il apprit la triste histoire. Le roi fut ému par ces preuves d'amour, de fidélité et de pureté des sentiments. Il fit alors ériger un monument à la mémoire du trio, et décréta que désormais, lors des demandes en mariage, l'on offre sur un plateau une noix de l'arbre, une feuille de la liane, et un peu de la pierre crayeuse. C'est ainsi que depuis ce temps, au Viêt-nam, la noix d'arec, la feuille de bétel et la chaux sont offertes lors des fiançailles comme symboles de la sincérité des sentiments ainsi que de l'amour et de la fidélité conjugale. On s'aperçut, en outre, que cet amalgame protégeait les dents et conservait l'haleine fraîche. Voilà pourquoi beaucoup de gens de ce pays ont l'habitude de chiquer la feuille de bétel, et que l'arec est planté partout et constitue un élément caractéristique de la campagne vietnamienne.

## Histoire d'une vraie amitié

*Lưu-Bình, Dương-Lễ*

Il était une fois deux garçons, l'un s'appelait Lưu-Bình, l'autre Dương-Lễ. Ils étaient liés par une profonde amitié. La famille de Lưu-Bình était très riche, alors que Dương-Lễ vivait dans la misère. À la mort de leurs parents respectifs, Lưu-Bình accueillit son ami dans sa maison, et le fit profiter de son aisance. Ils faisaient les mêmes études, partageaient les mêmes loisirs. Dương-Lễ, conscient de sa situation, s'appliquait dans ses études, cherchait à approfondir ses connaissances. Lưu-Bình, fort de ses richesses, se prélassait dans le plaisir et le jeu.

Le jour des concours nationaux, Dương-Lễ réussit brillamment. Il fut aussitôt nommé gouverneur par le roi, et partit prendre son poste dans une province éloignée. De son côté, Lưu-Bình échoua lamentablement. Dépité, il rentra au village et reprit sa vie de débauche. Il s'appauvrit de jour en jour ; il continua néanmoins d'étudier, espérant réussir la prochaine fois.

Mais, à la session suivante, il échoua de nouveau. Découragé et ruiné, Lưu-Bình quitta son village. Un jour, comme il traversait la province gouvernée par son ami, il se souvint de leur amitié et de la manière dont il avait recueilli Dương-Lễ. Il se rendit donc au palais du gouverneur et sollicita un entretien. À sa grande surprise, non seulement Dương-Lễ ne voulut pas le recevoir, mais il le fit chasser par ses gardes.

Lưu-Bình s'en alla, la rage au cœur, maudissant l'ingratitude et le manque d'humanité de son ancien ami. Il se promit, sans trop y croire, de réussir les concours afin de surmonter cette humiliation. En regagnant son village, il s'arrêta dans une auberge tenue par une femme. Elle s'appelait Châu-Long et vivait seule. Comme elle lui témoignait de la sympathie, Lưu-Bình s'attarda à l'auberge, et finit par y rester avec le consentement de Châu-Long.

Châu-Long poussait avec insistance Lưu-Bình à étudier, l'encourageait de ses douces paroles et de sa détermination. Lưu-Bình se laissa persuader par ces attentions et se remit sérieusement à préparer son concours. Jamais il n'avait autant travaillé, et bientôt ses progrès furent manifestes. Cela ne l'empêchait pas d'être sensible aux charmes de Châu-Long et il lui fit à plusieurs reprises des avances que Châu-Long repoussa avec douceur, en lui disant qu'il devait avant tout être reçu à ses examens et qu'après il serait toujours temps de penser à l'amour.

Lưu-Bình n'avait donc d'autre possibilité que de se consacrer à son concours, tout en nourrissant l'espoir de conquérir Châu-Long, et de prendre sa revanche sur son ancien ami. À la session suivante, effectivement, il réussit brillamment et fut nommé à de hautes fonctions. Le cœur rempli de joie et de fierté, il se dépêcha de retourner à l'auberge pour annoncer la bonne nouvelle. Quelle ne fut pas sa déception de voir l'auberge fermée et de constater que Châu-Long avait disparu. Il la chercha partout en vain.

Son désespoir lui rappela sa revanche et il se présenta au palais du gouverneur en se faisant annoncer en tant que haut dignitaire du royaume.

Dương-Lễ l'accueillit alors en grande cérémonie avec force marques d'amabilité et de joie manifeste. Lưu-Bình voulut lui reprocher son attitude ingrate de la précédente fois et hypocrite d'aujourd'hui. Soudain, il aperçut Châu-Long qui arrivait derrière Dương-Lễ.

Intrigué, il la pressa de questions, et apprit qu'elle était la seconde femme de Dương-Lễ, envoyée auprès de lui avec mission de l'aider matériellement et de le pousser sur le chemin de la réussite. C'était la raison pour laquelle elle avait toujours refusé ses avances tout en l'entourant de mille attentions afin qu'il mène à bien ses études. Lưu-Bình comprit alors quel était le plan de son ami lorsqu'il l'avait chassé. Ému et rempli de joie, Lưu-Bình se réconcilia avec lui. Depuis, ils vécurent en bonne entente comme par le passé, symboles aux yeux du monde entier du vrai sens de l'amitié.

# La méprise

## *Thiêu phụ nam xương*

Autrefois, il y avait un jeune couple qui vivait un bonheur simple et tranquille. Il venait d'avoir un bébé quand la guerre éclata. L'homme fut mobilisé et envoyé combattre aux frontières. Son épouse resta seule à la maison. Les communications à l'époque étaient difficiles, voire impossibles ; elle ne recevait aucune nouvelle de son mari et ne pouvait pas lui en donner sur la petite famille. Cependant, elle l'attendait avec un espoir égal, puisant toute sa force dans la présence de l'enfant.

Jour et nuit elle veillait sur lui et l'entourait de toute son affection. L'enfant grandissait et commençait à parler. Un soir, un violent orage éclata. Le tonnerre était assourdissant et faisait trembler portes et fenêtres. Les éclairs déchiraient la nuit par à-coups terrifiants. L'enfant, pris de panique, se mit à hurler. Sa mère, pour le calmer, lui dit que son père allait arriver et le protéger. Elle eut l'idée de montrer son ombre sur le mur en disant : « N'aie pas peur, voilà ton père. » L'enfant regarda l'ombre et lui dit : « Bonsoir, papa », puis, rassuré, il s'endormit.

Le lendemain soir, il réclama encore son père. La femme dut se pencher devant la lampe, lui montrer son ombre à elle en affirmant : « Voilà ton père. »

L'enfant joignit ses mains avec respect et dit : « Bonsoir, papa. » Puis il se coucha. Depuis, chaque jour, la même scène se répétait, et l'enfant ne s'endormait jamais avant d'avoir salué l'ombre.

La guerre se termina enfin. Le mari revint à la maison. Après tant d'années de séparation et d'attente, la femme pleurait de joie. Les premiers moments d'émotion passés, elle laissa son mari avec l'enfant pour aller acheter de quoi fêter son retour. L'homme découvrait avec émotion et tendresse l'enfant qu'il avait quitté encore bébé. Quand il voulut le prendre dans ses bras, l'enfant le repoussa en disant : « Laissez-moi, vous n'êtes pas mon père ! D'ailleurs il ne vient que la nuit. » L'homme fut assommé de douleur et crut que sa femme le trompait avec un autre homme dans sa propre maison pendant qu'il risquait sa vie au combat. Mais, par fierté, il décida de ne pas la questionner.

Dès lors, il se montra froid et distant, vaquant à ses affaires, sans se préoccuper ni de l'enfant ni de sa femme qui continuait à lui témoigner sa joie et son amour, quoique blessée de son attitude. Le jour de la cérémonie destinée à remercier les ancêtres et les divinités de l'avoir protégé et de lui avoir permis de revoir sa famille, il interdit à sa femme et à l'enfant d'y participer. Lui seul effectua tout le rituel. Une fois la cérémonie terminée, la femme mit la table avec les offrandes pour le repas familial. L'homme, sans un mot, sortit de la maison et s'en alla on ne sait où.

Les jours passèrent, la femme, inquiète, attendait le retour de son mari. Elle ne s'expliquait toujours pas les raisons pour lesquelles son mari les traitait ainsi, elle et leur fils. Puis, la tristesse et le désespoir au cœur, elle confia l'enfant et la maison à ses proches, alla jusqu'à la rivière et s'y noya.

En apprenant la disparition de sa femme, pris de remords l'homme revint à la maison.

Le soir, lorsqu'il alluma la lampe, l'enfant tout content à la vue de l'ombre projetée sur le mur s'écria : « Voilà mon papa ! » et il joignit respectueusement les mains pour le saluer. L'homme comprit alors avec douleur sa terrible méprise. Le lendemain, il emmena l'enfant au bord de la rivière pour pleurer et implorer le pardon de sa femme. Il lui promit de s'occuper seul de l'enfant pendant toute sa vie, et qu'aucune autre femme ne la remplacerait dans son cœur ou dans la maison.

Les gens du village, émus par ce drame, firent ériger à cet endroit un pagodon à la mémoire de l'épouse exemplaire.

# Histoire du crachoir

*Ông nhổ*

Il était une fois un vieux bonze réputé pour sa vertu et sa piété. Beaucoup de fidèles venaient l'écouter et le vénérer, apportant offrandes et autres cadeaux.

Mais, gêné par toute cette ferveur, il résolut de se retirer loin dans la montagne afin de se consacrer à la prière et à la méditation. Il décida d'emmener un novice souhaitant recevoir son enseignement et l'assister dans la vie de tous les jours. Parmi les jeunes novices, il y en eut un qui accepta de le suivre. Il pensait que les fidèles ne laisseraient pas le vieux bonze sans ressources, alors que ce dernier prenait de l'âge. Il imaginait surtout qu'on leur apporterait une foule de dons et qu'à la mort du vieux bonze, c'est lui qui hériterait de tout. Seulement, il ne s'attendait pas à ce que le bonze se retire vraiment dans un coin reculé, où personne ne viendrait plus les voir, et que pour se procurer leur subsistance ils devraient défricher et cultiver eux-mêmes le sol.

C'est ainsi que le jeune novice fut contraint de travailler dur. Entretenir le feu, allumer les bougies de l'autel, faire la cuisine, chercher de l'eau, biner, sarcler la terre pour quelques maigres légumes, sans compter les prières et la lecture des textes sacrés. Après quelques années de ce régime, le novice en eut assez et il était sur le point de quitter le vieux bonze, quand se présenta à leur humble retraite un autre jeune novice. Ayant appris la grande renommée du bonze, il voulait bénéficier de son enseignement et partager son isolement. Le premier novice fut tout content, pensant qu'enfin un autre allait le remplacer pour les corvées. Quelle ne fut sa déception lorsqu'il constata que dans la répartition des tâches, il conservait les gros travaux de la petite communauté, tandis que le nouvel arrivant avait la charge de s'occuper du culte : entretenir le feu, prendre soin de l'autel, assister le vieux bonze dans les prières, préparer les livres, etc. Sa déception le rendit jaloux. Bientôt, il nourrit à l'encontre du nouveau venu une véritable haine. Cependant, il fut assez habile pour ne pas le montrer. Un soir, il se glissa jusqu'à la cuisine et versa de l'eau sur le feu jusqu'à ce qu'il n'y ait plus la moindre braise. Puis il se coucha. Au petit jour, lorsque l'autre novice voulut faire chauffer de l'eau et allumer les bougies pour la prière du matin, il fut catastrophé. Malgré tous ses efforts, il ne put faire repartir la moindre flamme. Alors il courut à toutes jambes au plus proche village pour demander du feu. Mais le village était bien loin, et le chemin à travers la montagne difficile et dangereux. À bout de souffle, il s'arrêta un moment. Un vieillard apparut alors, et lui demanda les raisons de son entreprise.

Le garçon lui raconta sa mésaventure. Le vieillard lui fit observer que, même s'il parvenait au village, il n'aurait pas le temps de revenir pour la prière du matin.

— Raison de plus pour que je me dépêche, répondit le novice en s'apprêtant à repartir malgré son extrême fatigue.

Le vieillard le retint en lui disant :

— Laisse-moi t'aider. Grimpe en haut de l'arbre que tu vois là, puis ferme les yeux et laisse-toi tomber. Un dragon te prendra sur son dos et t'emmènera à un endroit où tu pourras trouver du feu. Il te ramènera ensuite chez toi à temps. Le novice obéit et, en effet, un dragon apparut qui, rapide comme l'éclair, l'emmena en haut d'un volcan où il prit un peu de lave incandescente. Puis, en un clin d'œil, il fut déposé devant la cuisine, où il accomplit toutes ses tâches. La prière du matin se passa sans incident. Le premier novice fut surpris de la rapidité avec laquelle sa victime avait pu se sortir du piège. Hypocritement, il lui dit :

— Hier soir, ayant mal au ventre, je suis descendu à la cuisine et j'ai constaté que le feu était éteint. J'étais inquiet et je t'ai cherché partout. Où étais-tu passé, et comment as-tu pu allumer le feu ce matin ? Le second novice lui raconta toute l'histoire, lui demandant de ne rien dire au vieux bonze, de peur d'être réprimandé pour la négligence dont il pensait être coupable. Il ajouta que c'était sans doute Bouddha lui-même, sous la forme du vieillard, qui l'avait aidé, peut-être parce qu'il avait la charge d'entretenir l'autel et de participer aux prières avec le maître.

Sur ce, une idée vint au premier novice. Il pensait que s'il s'arrangeait pour s'occuper de l'autel, et qu'un incident survenait, il pourrait rencontrer Bouddha. Alors il feignit de tomber malade. Le vieux bonze voulut le dispenser de tout travail. Mais lui insista pour se charger de l'autel, prétextant que ce ne serait pas trop dur, et que cela soulagerait un peu son condisciple. Le bonze apprécia son sens du devoir et accepta.

La nuit venue, le novice éteignit le feu. Suivant les indications qu'il avait obtenues de son camarade, il courut jusqu'à l'arbre au dragon. Il rencontra le vieillard à qui il raconta son faux problème. Ce dernier lui dit alors la même chose qu'à l'autre novice.

Mais quand il se laissa tomber du haut de l'arbre, aucun dragon ne vint le recueillir, et il mourut en s'écrasant lourdement sur le sol. Dans sa chute, son corps se trouva complètement déformé. Le tronc tassé devint une sorte d'outre ronde, les jambes recourbées formèrent deux anses et les bras se rejoignirent pour ourler sa bouche grande ouverte.

Sous cette nouvelle apparence, il resta sur le chemin. Ses intentions et ses actions avaient été si méprisables que les passants, ayant appris ce qui était arrivé, prirent l'habitude de cracher dans sa bouche béante.

Devenu crachoir, il fut condamné à recevoir toutes les saletés que l'humanité rejette.

## Erreur sur la personne

*Hôn Trương-Hoa, ma hàng-thịt*

Il était une fois un champion d'échecs appelé Trương-Hoa. Personne ne l'avait jamais battu. Un jour, pendant une partie, comme de coutume son adversaire était sur le point d'être mis échec et mat. Après un moment de réflexion, il avoua que seul le génie des Échecs pouvait se sortir d'une telle position. Quant à lui, il acceptait sa défaite. Sur ce arriva un pauvre mendiant, qui demanda à examiner la partie. Il proposa même de la terminer. Trương-Hoa éclata de rire en disant :

— Mon ami vient de dire que seul le génie des Échecs pouvait se sortir de ce mauvais pas, que comptez-vous faire ?

Le mendiant insista, et non seulement il trouva la parade, mais bientôt ce fut au tour de Trương-Hoa de se trouver en mauvaise posture, pour finir par un retentissant échec et mat. Trương-Hoa, convaincu qu'il avait affaire au génie lui-même, se prosterna et demanda pardon d'avoir osé défier le céleste représentant des jeux. Alors le mendiant, prenant sa véritable apparence, lui avoua que la partie lui avait bien plu et que Trương-Hoa était digne de sa renommée. Il ajouta que sa sympathie pour le champion l'incitait à le prévenir que son nom était sur les registres du roi des Enfers, et qu'il ne tarderait pas à mourir. Mais il lui recommandait, au moment de sa mort, de l'appeler en allumant des bâtonnets d'encens et en invoquant son nom. Il pourrait intervenir pour lui rendre la vie. Trương-Hoa, tout heureux, expliqua à sa femme comment il conviendrait de procéder le moment venu. Quelque temps après, effectivement, il mourut. Sa femme, au comble de la détresse, laissa se dérouler les cérémonies funèbres traditionnelles, et oublia d'appeler le génie. Ce n'est qu'une fois Trương-Hoa enterré et son chagrin un peu calmé qu'elle se souvint des recommandations de son mari. Elle se dépêcha d'invoquer le génie, qui apparut aussitôt.

Mais il constata qu'il était un peu tard pour faire revenir le joueur d'échecs à la vie, car son corps était déjà en décomposition. Devant les lamentations de la femme qui se reprochait amèrement sa négligence, il lui promit de trouver une solution. Alors qu'il était en train de réfléchir, on lui apporta la nouvelle de la mort du boucher du village. Il proposa à la femme de faire revivre son mari dans le corps du boucher. C'était la seule manière, si elle tenait à lui. Quoique réticente, elle finit par accepter. Aussitôt, le génie utilisa ses pouvoirs, et voilà que le boucher se leva de son lit de mort. Son épouse, au comble de la joie, se précipita pour lui manifester son affection. Mais quelle ne fut pas sa déception quand il la repoussa, disant qu'elle n'était pas sa femme et qu'il voulait rentrer chez lui, à l'autre bout du village.

Sur ce arriva l'épouse de Trương-Hoa. Aussitôt, le boucher la prit dans ses bras, l'appelant par son petit nom. Survint alors une franche dispute entre les deux épouses, l'une déclarant que le mort était son cher époux, l'autre clamant que c'était faux.

On décida de porter l'affaire devant la justice. Lorsque le juge demanda au boucher de désigner son épouse, celui-ci montra la femme de Trương-Hoa. Quand le magistrat demanda aux témoins de montrer la femme du ressuscité, on lui indiqua la bouchère.

Tout le monde était bien embarrassé. La femme de Trương-Hoa raconta alors l'intervention du génie. Sachant que l'ancien boucher ne savait pas jouer aux échecs, le juge ordonna qu'on fit venir un des meilleurs joueurs du pays pour se mesurer avec lui. L'ancien boucher le battit et on fut obligé de croire l'invraisemblable histoire. Le boucher, ou plutôt son enveloppe charnelle, rejoignit le domicile de Trương-Hoa au bras de la femme de celui-ci, tandis que la pauvre bouchère n'avait plus qu'à pleurer la mort de son mari.

# La cloche, le tambour et la crécelle

*Chuông, trông, mõ*

Il était une fois un étudiant brillant et travailleur, mais pauvre. Il espérait réussir aux concours royaux afin de changer de condition. Aussi ne manquait-il aucune occasion de mettre toutes les chances de son côté. Il étudiait jour et nuit, s'informait auprès de tous ceux qui pouvaient lui enseigner les belles lettres, et s'exerçait à toutes les disciplines. Évidemment, il ne négligeait pas non plus les forces surnaturelles qui pouvaient lui être utiles. Comme il n'avait pas beaucoup de moyens financiers, il lui était difficile de faire des offrandes aux divinités, ou de solliciter les services des sorciers locaux. Mais il savait qu'on peut aussi attirer l'attention des puissances célestes par des actes de charité, des bonnes actions qu'on peut faire sans bourse délier.

Un jour, en se promenant dans la campagne, près de la rivière, il vit des enfants attraper une anguille. Ils s'amusaient avec, tandis que la pauvre bête s'étouffait. Il réussit à les persuader de la lui donner.

Avant de remettre l'anguille à l'eau, il lui adressa ces paroles :

— On dit qu'un service rendu aux humains ne provoque que haine en retour. Mais que si on rend service aux animaux, ceux-ci vous sont reconnaissants. Je te sauve la vie, tâche de t'en souvenir et de me porter chance.

Il partit s'installer dans la capitale, afin de gagner un peu d'argent et de se rapprocher des meilleurs enseignants. Les années passèrent et enfin il fut prêt à passer les épreuves. Cependant, malgré son travail acharné et ses dons, il échoua. Déçu mais pas découragé, il se promit de travailler encore plus dur pour réussir la fois suivante.

En attendant, il regagna son village. Arrivé au bac qui traversait la rivière, il vit un attroupement et des soldats en armes qui empêchaient d'approcher des berges. Il apprit qu'il y avait là un monstre aquatique qui faisait chavirer les barques et dévorait les gens. À la description de la bête, l'étudiant devina qu'il s'agissait de l'anguille qu'il avait sauvée autrefois. Il persuada les soldats de le laisser tenter de la chasser.

Il prit une barque et se rendit seul sur la rivière. Il était parvenu au milieu du lit, lorsque le monstre surgit et s'apprêta à le dévorer. L'étudiant lui dit alors :

— Tu ne me reconnais pas ? Je t'ai sauvé autrefois des mains des enfants. Tu ne m'as pas porté chance et maintenant, en plus, tu veux me tuer ! Il est temps que tu te montres reconnaissant, comme dit le dicton.

Le monstre éclata de rire et lui répondit :

— Le dicton affirme le contraire : si tu rends service aux gens, ils te seront reconnaissants. Rends service aux animaux, ils te haïront.

Là-dessus tous deux commencèrent à se quereller pour savoir qui avait raison. Au bout d'un moment, le monstre déclara :

— De toute façon tu as tort, et je vais te manger.

L'étudiant lui répondit précipitamment :

— Il n'est pas certain que tu sois dans le vrai. Mais si nous ne pouvons pas nous départager, allons demander trois avis. Si tous trois disent que j'ai tort, alors tu pourras me dévorer. Le monstre accepta, et les voilà suivant le cours de la rivière à la recherche de trois témoins.

Le premier qu'ils rencontrèrent était un vieux buffle en train de brouter sur la rive. À leur question, il se souvint du travail pénible qu'il devait fournir dans les champs au service des hommes. Il voulut alors se venger et il donna raison à l'anguille. Celle-ci, toute contente, s'apprêta à fondre sur le jeune homme, qui lui rappela qu'il restait encore deux autres avis à solliciter. Ils continuèrent leur chemin. Un peu plus loin, ils rencontrèrent une carpe. Ils renouvelèrent leur question. Le poisson, pensant à la mort de ses semblables causée par les pêcheurs, voulut aussi se venger. Il donna raison au monstre. Celui-ci sauta alors sur l'étudiant, mais ce dernier lui rappela qu'il fallait encore un dernier avis. Chemin faisant, ils aperçurent un vieillard au pied d'un arbre. Ils lui exposèrent leur différend. Le vieil homme suggéra de les emmener, ainsi que le buffle et la carpe, à la pagode pour que Bouddha puisse trancher.

Lorsque le groupe pénétra dans le temple, le vieil homme se changea en Bouddha, et leur dit :

— Toi l'anguille, tu n'as pas été reconnaissante d'avoir eu la vie sauve, toi le buffle, et toi le poisson, vous n'avez écouté que vos rancœurs et songé seulement à vous venger. Tous les trois, vous serez donc punis.

Il changea l'anguille en cloche, le buffle en tambour et la carpe en crécelle.

Depuis ce temps, au Viêt-nam, l'image de l'anguille figure sur les cloches pour être battue à chaque coup de marteau, ou encore, lourdement chargée du poids de l'instrument, lui sert de support, tandis que la peau de buffle tendue sur le tambour est condamnée à être frappée à chaque cérémonie, et que la carpe repliée prend la forme d'une crécelle, supportant les coups de baguette qui rythment les prières.

# LES DIX-HUIT ARHATS
*Mười tám vị La-Hán*

Il était une fois un homme aussi riche que vertueux. Il possédait un magnifique cheval. C'était le coursier le plus rapide du pays. Mais ce n'était pas là sa seule qualité. Il savait parler et avait aussi un don divinatoire. Son propriétaire le choyait et l'aimait comme son propre enfant.

Un jour, le cheval lui dit :

— Demain, des bandits, au nombre de dix-huit, vont venir vous attaquer pour voler tous vos biens. Cependant, ne craignez rien, car j'ai un moyen de déjouer leur projet. Vous allez tuer dix-huit cochons, les faire rôtir, puis vous mettrez sur la table différentes victuailles, ainsi qu'une grande jarre de vin. À l'heure de la Souris vous irez au-devant des bandits pour les inviter au festin. Ils accepteront et ne vous feront aucun mal.

Effectivement, les dix-huit bandits furent bien surpris d'être attendus, et, de surcroît, invités à festoyer par leur future victime. Ils acceptèrent, et ils eurent le repas le plus merveilleux qu'ils aient jamais mangé.

Cependant, intrigués par cette prévenance, ils questionnèrent le propriétaire. Celui-ci leur répondit qu'il devait tout à son cheval. Encore plus intrigués, ils demandèrent à le voir.

Ils entendirent alors le cheval leur tenir ces propos :

— En fait, je ne suis pas un cheval ordinaire. Dans les temps anciens, j'étais un humain, tout comme vous. Mais j'étais très pauvre, et je devais de l'argent à mon actuel propriétaire qui avait bien voulu me venir en aide. Cependant, je n'avais pas encore fini de le rembourser, quand je fus surpris par la mort. Le roi de l'Enfer accepta que je renaisse sous cette forme pour solder ma dette au service de mon bienfaiteur. Mais, en faisant cela, j'ai contracté une nouvelle dette, celle du cœur, car mon propriétaire me considère comme son enfant, et je ne puis me taire comme les autres animaux, quand les dangers le guettent. Aussi ai-je usé de la parole pour le prévenir.

À ces mots, les dix-huit bandits se dirent : « Un homme d'une telle droiture a dû renaître en animal. Nous qui ne faisons que le mal, dans quelle forme allons-nous nous retrouver une fois jugés en enfer ? Il est peut-être encore temps pour nous de racheter nos crimes et espérer le salut. » Ils remercièrent le propriétaire du festin, et se retirèrent dans leur repaire. Réunis en assemblée, ils décidèrent à l'unanimité de quitter le monde du crime pour se consacrer à la prière et aux bonnes actions.

Mais ils doutaient que le Ciel acceptât leur conversion. Il leur fallait un signe de sa part. Alors, le chef suggéra qu'un grand chaudron d'eau fût mis sur le feu et décréta :

— Nous allons y mettre toutes nos armes tachées de sang. Puis nous allons prier Bouddha jusqu'à ce que le feu s'éteigne. Si nos armes ont disparu, c'est que Sa Bonté accepte notre démarche.

Tous furent d'accord avec lui.

Une fois le feu éteint, les bandits soulevèrent le couvercle du chaudron avec émotion. Leur attente fut comblée, car il ne restait que de l'eau limpide. Ils se rasèrent alors le crâne, abandonnèrent leurs armures pour de simples robes de coton, et se retirèrent dans la montagne afin de se consacrer à l'étude des textes sacrés et à la prière.

Au bout de leur longue vie, ils devinrent La-Hán (arhats). C'est ainsi qu'aujourd'hui, on remarque souvent dans les pagodes les statues des dix-huit bandits. Ils ont gardé leur aspect terrifiant, car si leur âme a atteint la béatitude, leur apparence charnelle n'a pas changé.

# Le génie du Foyer
*Chuyện Ông Táo*

Autrefois, il y avait un bûcheron qui vivait avec sa femme à la lisière d'une forêt. Tous deux étaient très pauvres et ils n'avaient pas d'enfant, bien que mariés depuis fort longtemps. Mais ils se contentaient de leur vie simple et honnête. Cependant, avec le temps et les difficultés, l'homme devint violent et intraitable. Il se mit à boire, et quand il était ivre, il battait sa femme sans raison. Au début, celle-ci ne dit rien, car elle aimait sincèrement son mari. Mais il la maltraitait de plus en plus. Un jour, alors qu'il était en proie à une crise et la poursuivait, armé d'un gourdin, excédée et effrayée, elle s'enfuit dans la forêt. Après une longue course, le soir tombant, elle arriva à une hutte dans une clairière. C'était la demeure d'un chasseur. Elle lui raconta son histoire et lui demanda l'hospitalité, ne sachant plus où aller. L'homme eut pitié d'elle et accepta de l'héberger. Bientôt, des liens affectueux s'établirent entre eux et ils vécurent comme mari et femme.

De son côté, le bûcheron, après la fuite de sa femme, s'était rendu compte de sa mauvaise conduite. Il fut pris de remords et d'inquiétude et décida de partir à sa recherche. Il arriva à la hutte. Le chasseur était parti relever ses pièges. Le bûcheron fut surpris et heureux de trouver sa femme. Il versa des pleurs et la supplia de rentrer à la maison avec lui. La femme fut émue, car elle aimait encore son mari. Mais, pendant qu'ils étaient en train de se lamenter, ils entendirent les pas du chasseur qui revenait. Paniquée, la femme cacha son mari sous une botte de paille derrière la maison. Le chasseur entra, tenant un chevreau qu'il avait capturé. Tout content, il demanda à la femme de faire un grand feu avec la botte de paille pour cuire l'animal. Elle refusa, sous divers prétextes. Alors le chasseur alluma lui-même le feu. Le pauvre bûcheron n'eut pas le temps de s'échapper et périt dans les flammes. La femme, désespérée d'avoir causé la mort de son mari en voulant le sauver, se jeta dans la fournaise et périt à son tour. Le chasseur, ne comprenant pas la raison de ce geste, crut qu'il avait commis quelque offense grave. Il décida de suivre sa bien-aimée dans la mort et sauta dans le feu.

Cette fin tragique émut le Ciel. Le Souverain céleste décida que, désormais, ils seraient réunis autour du feu pour toujours, au service du foyer, en témoignage de leur amour conjugal. Le trio devint le génie du Foyer.

C'est depuis ce temps que, dans la campagne vietnamienne, le foyer où l'on fait cuire les repas est constitué de trois blocs de pierre sur lesquels on pose les casseroles et autres ustensiles de cuisine.

On raconte aussi que le génie du Foyer protège les habitants de la maison. C'est pourquoi, dans chaque demeure vietnamienne, il y a un autel du génie du Foyer, qui, contrairement aux autres autels, trouve une place modeste dans la pièce réservée à la cuisine. On raconte également que, durant toute l'année, le génie du Foyer consigne les faits et gestes des habitants de la maison, et fait un rapport au Ciel le vingt-troisième jour du douzième mois lunaire. Bonnes et mauvaises actions sont sanctionnées par une plus ou moins grande réussite au cours de l'année suivante. Mais il n'y a pas que les rapports du génie. La population peut aussi profiter de cette action pour adresser ses propres doléances et vœux au Ciel. Traditionnellement, on assiste, pendant les fêtes de fin d'année lunaire (la veille du Têt), à des sketches qui mettent en scène un personnage représentant le génie du Foyer lisant son rapport. C'est l'occasion de dénoncer en public, sous couvert de drôlerie et dans un style souvent ironique, les travers de la société ou des autorités en place, quand ce ne sont les méfaits de certains individus bien connus.

# Histoire du sacrifice du chien

*Giết chó khuyên chồng*

Il était une fois deux frères, orphelins dès leur plus jeune âge.

L'aîné, doué d'un fort sens du commerce, s'était enrichi au fil des ans, et menait grande vie. Le cadet, qui avait fait de la sincérité et de l'altruisme les préceptes de sa vie, restait désespérément pauvre. Riche et vaniteux, l'aîné dispensait à tour de bras des largesses à tous ceux qui le sollicitaient en le flattant et en profitant sans vergogne de son aveuglement. Par contre, il n'avait pas même un regard pour son jeune frère, ignorant jusqu'à son existence et ses difficultés, car celui-ci ne se plaignait jamais et ne lui demandait rien. L'épouse de l'aîné, choquée par cette attitude, le lui reprochait souvent, mais n'obtenait que cette réponse :

— À chacun ses problèmes. Ce n'est pas parce que c'est mon frère que je dois faire mienne sa façon de vivre. D'ailleurs, mes amis sont tous des gens bien, et ils me sont dévoués. Il est donc naturel que je leur accorde mes préférences.

À la longue, l'épouse envisagea un stratagème pour lui ouvrir les yeux. Un jour que son mari était parti s'amuser avec ses chers amis, elle fit tuer un chien, l'enveloppa dans un sac, et le cacha dans un buisson du jardin.

Au retour de son mari, elle feignit l'affolement en lui déclarant :

— Cet après-midi, un jeune mendiant est venu demander l'aumône. J'étais occupée et j'ai tardé à lui apporter quelque nourriture. Voilà qu'il s'est mis à m'injurier avec véhémence. Je ne sais pas ce qui m'a pris, je l'ai frappé. Par malheur, il est tombé mort. J'ai mis son corps dans un sac et l'ai caché dans le jardin. Comment allons-nous nous sortir de cette histoire ?

À ces mots le mari, soucieux de sa réputation, fut pris de panique. Il courut demander de l'aide à ses chers amis. Mais tous eurent une bonne excuse pour ne pas lui prêter main-forte. Dépité, il rentra à la maison. Sa femme lui suggéra alors d'aller voir son jeune frère, ce qu'il fit sur-le-champ, oubliant complètement son indifférence à l'égard de son cadet.

Ce dernier dit aussitôt :

— Vite, il faut l'enterrer loin d'ici avant que quelqu'un ne soit au courant. Autrement ce sera un malheur pour toi et ta femme. Restez ici, je m'en charge tout seul. Comme cela les soupçons ne tomberont pas sur vous.

Il partit seul enterrer discrètement le sac dans la forêt, puis revint rassurer le couple, sans réclamer quoi que ce fût. L'épouse en profita pour faire remarquer à son mari que les « bons amis » qui avaient si bien profité de lui s'étaient tous défilés, alors que son frère s'était dévoué sans hésiter. Son mari rétorqua qu'il était normal que son frère l'aidât en pareille circonstance.

Or voilà que le lendemain, la foule des « bons amis » se présenta à la maison pour exiger une forte somme d'argent en contrepartie de son silence sur le prétendu meurtre. Affolé, le mari était prêt à obtempérer, mais sa femme s'y opposa avec force, en affirmant qu'ils ne risquaient rien. Dépités, les « bons amis » se rendirent aussitôt chez le juge et dénoncèrent avec beaucoup de détails l'assassinat du jeune mendiant. Les autorités firent amener le couple lourdement enchaîné, comme des criminels. Alors que le mari était en proie à la plus profonde détresse, sa femme gardait un calme rassurant. Au cours de l'interrogatoire, elle raconta le stratagème qu'elle avait employé pour démontrer à son mari son aveuglement. Afin de confirmer ses dires, elle demanda que le jeune frère fût convoqué pour indiquer l'endroit où il avait enterré ce qu'il croyait être le cadavre d'un mendiant. On découvrit ainsi toute la vérité.

Le juge ordonna que l'on fouettât les « bons amis » en punition de leur conduite détestable et de leur injuste dénonciation. Il félicita par contre l'épouse pour sa leçon exemplaire, et réprimanda le mari coupable d'erreurs de jugement.

Depuis, celui-ci a délaissé ses anciennes relations et se consacre à son jeune frère.

# Histoire du bambou à cent nœuds

*Cây tre trăm mắt*

Il était une fois un villageois riche mais très avare. Il avait une fille d'une rare beauté. Un jour, il engagea un domestique. Mais comme il ne voulait pas lui donner de salaire, il lui promit :

— Travaille bien sans que je te paie, plus tard je te donnerai ma fille en mariage.

Le domestique, tout content, s'occupa de la maison avec ardeur. Il fit même si bien que son patron s'enrichit encore plus. Mais les années passèrent et le villageois oublia sa promesse. Pour consolider sa fortune, il décida de donner sa fille en mariage au fils d'un notable, mais n'en souffla mot au domestique. La veille des noces, il le convoqua et lui dit :

— Va dans la forêt me chercher un bambou à cent nœuds avec lequel je ferai des baguettes que je vendrai. Si tu le trouves, alors je te marierai tout de suite à ma fille.

Crédule, le domestique se mit en route et s'enfonça de plus en plus dans la forêt profonde. À la fin, il se rendit compte qu'il s'était perdu, et sans avoir trouvé de bambou à cent nœuds. Désespéré, il s'assit et se prit la tête dans les mains pour pleurer. Soudain apparut un vieillard aux longs cheveux blancs, marchant avec une canne, et qui lui demanda :

— Pourquoi pleures-tu ainsi ? Puis-je t'aider ?

Le domestique lui raconta la promesse de son patron et sa vaine recherche. Le vieillard lui dit alors d'aller couper plusieurs bambous ordinaires, de les débiter de manière à obtenir cent nœuds et de les lui rapporter. Le domestique lui ramena les cent nœuds. Le vieillard lui dit alors d'ordonner aux cent nœuds trois fois de suite : « Assemblez-vous, assemblez-vous, assemblez-vous ! »

Les cent nœuds se mirent bout à bout pour former un extraordinaire bambou d'une longueur impressionnante.

Tout content, le domestique s'en alla. Mais bien vite il s'aperçut qu'il ne pouvait pas avancer car il accrochait les buissons et les arbres avec son grand bambou. De nouveau désespéré, il éclata en sanglots. Le vieillard lui dit alors d'ordonner : « Séparez-vous, séparez-vous, séparez-vous ! », et aussitôt les cent nœuds se détachèrent. Le domestique les rassembla en fagot et les chargea sur son dos pour rentrer au village.

Le cœur joyeux, il arriva à la maison, où il vit une foule en fête. Il apprit qu'on célébrait le mariage de la fille de son maître avec le fils d'un notable. Le domestique comprit qu'il avait été dupé.

Il attendit que la famille du fiancé allume les pétards marquant le début de la cérémonie. Puis il se présenta devant son maître au milieu de l'assemblée joyeuse et lui montra l'extraordinaire bambou en lui rappelant sa promesse. Le maître, tout étonné, voulut examiner le bambou de plus près. Le domestique ordonna aussitôt : « Assemblez-vous, assemblez-vous, assemblez-vous ! » Et les nœuds se collèrent au riche villageois. Celui-ci se débattit avec vigueur pour se dégager, mais en vain. Voyant cela, le futur beau-père se précipita et chercha à l'aider. À son tour il se trouva collé, et tous deux tournoyèrent, trébuchant et hurlant au milieu de la foule muette de stupeur. Au bout d'un moment, le patron supplia son domestique :

— Libère-nous. Je jure devant les invités ici présents que je tiendrai ma promesse de te donner ma fille en mariage.

De son côté, le notable ajouta :

— Je te jure que nous renonçons à ce mariage !

Le domestique ordonna alors :

— Séparez-vous, séparez-vous, séparez-vous !

Aussitôt les cent nœuds tombèrent par terre, et les deux malheureux se trouvèrent libérés.

Les noces continuèrent, mais cette fois pour unir le domestique et la fille de son patron, tandis que la famille du notable se retirait, contente de s'en sortir sans dommage.

# Histoire du couteau de cuisine

*Mài dao dạy vợ*

Il était une fois un brave paysan, qui avait pour son malheur épousé une femme de fort mauvais caractère. Elle passait son temps à se quereller avec sa belle-mère, sans respect aucun ni des convenances ni de l'âge. Celle-ci, choquée par les écarts de conduite de sa bru, ne les tolérait pas et lui rendait la pareille.

Aussi l'ambiance familiale était-elle détestable, et les moments de paix bien rares. Le pauvre homme s'épuisait à essayer de raisonner l'une ou l'autre. De guerre lasse, il eut un jour une idée : il partit acheter un grand couteau de cuisine, qu'il se mit à aiguiser tous les jours avec application. Sa femme s'en aperçut et, intriguée, l'interrogea. Mais il gardait un silence obstiné tout en continuant à aiguiser le couteau. Une fois, deux fois, cinq fois, elle le pressa de questions, trouvant cette activité inquiétante. Enfin, il lui répondit :

— Vois-tu, vos querelles incessantes me rendent la vie impossible. Comme ma mère est vieille, j'ai choisi de la tuer. C'est pourquoi je prépare le couteau.

À ces mots, la femme fut horrifiée et regretta sa mauvaise conduite. Elle s'efforça de modérer ses propos et de traiter sa belle-mère avec douceur. Celle-ci, s'apercevant du changement de sa bru et n'ayant plus de raison de se quereller, devint aussi plus accommodante.

Le brave homme fut secrètement satisfait et rangea son couteau. Mais comme le naturel est difficile à chasser, les querelles ne tardèrent pas à resurgir. Il ressortit alors le couteau et se remit à l'aiguiser d'un air décidé.

Sa femme le questionna de nouveau sur ses intentions. D'un air lugubre, il répondit :

— J'en ai assez de vos disputes. Ce soir je vais mettre mon projet à exécution !

Le soir venu, il s'approcha du lit de sa mère en brandissant son couteau étincelant. Affolée, sa femme le retint en le suppliant :

— Je t'en prie, ne fais pas cela. Tout est de ma faute. Je comprends combien je me suis mal conduite. Je te promets de me corriger et de ne plus me quereller avec ta mère.

En effet, depuis elle a complètement changé et entoure sa belle-mère de respect et d'attentions. Elle se conduit comme une bonne fille envers sa propre mère. La petite famille vit enfin en paix. Le couteau rouille, oublié dans un coin de la cuisine.

# Histoire de la carambole d'or

*Khêvàng*

Il était une fois deux frères orphelins qui héritèrent d'un riche domaine.

L'aîné, rapace et sans scrupules, avait raflé avec son épouse tout l'héritage, ne laissant à son jeune frère et à sa femme qu'une paillote et un carambolier loin des terres familiales. Le jeune frère pourtant ne se plaignait pas et se contentait de son maigre avoir, assurant la subsistance de son couple en travaillant dur comme ouvrier. Sa femme veillait sur le carambolier qui leur procurait un complément de revenu grâce à ses fruits miraculeusement succulents. Un jour, alors que les fruits étaient mûrs et qu'elle s'apprêtait à en faire la cueillette, un corbeau géant vint se poser sur l'arbre et se mit à manger toutes les caramboles. La pauvre femme essaya en vain de le chasser. Découragée, elle se mit à pleurer au pied de l'arbre tout en s'adressant à l'oiseau :

— Monsieur le corbeau, quel malheur pour nous ! Vous saccagez notre maigre récolte. Avec quoi allons-nous vivre maintenant ?

Quelle ne fut pas sa surprise d'entendre le corbeau lui répondre :

— Je mange tes fruits, je te rembourserai avec de l'or. Prépare un sac de trois livres.

Effrayée, elle courut à la hutte rapporter à son mari les propos de l'oiseau. Celui-ci, sans trop y croire, décida de fabriquer un sac en toile de trois livres, comme le demandait le corbeau. Cependant, jour après jour, le corbeau continuait de gober les unes après les autres les caramboles tout en croassant :

— Je mange tes fruits, je te rembourserai avec de l'or. Prépare un sac de trois livres.

Le pauvre couple finit par croire qu'il était pris d'hallucinations. Lorsqu'il ne resta plus un fruit sur l'arbre, et que le couple fut résigné à l'idée de la famine, le corbeau géant atterrit devant leur porte, les invitant à monter sur son dos. Il les emmena dans les airs, par-dessus les montagnes et les lacs. Bientôt ils survolèrent une mer immense ; on ne voyait plus aucune terre à l'horizon. Enfin, ils arrivèrent en vue d'une île où le corbeau les déposa sur une plage. À leur grande surprise, les grains de sable étaient des pépites d'or, les galets étaient des pierres précieuses, le gravier des perles étincelantes. Le corbeau les invita à remplir leur sac. Avec beaucoup d'émotion mais aussi de retenue, ils ramassèrent ce qui se présentait sous leurs mains. Puis ils remontèrent sur le corbeau géant qui les ramena à leur hutte. Avec leur nouvelle fortune, le couple entreprit d'acheter une belle maison, des terres et du bétail. Ils faisaient travailler grand nombre de gens dans le besoin, et dispensaient discrètement et à bon escient leurs bienfaits.

Le jour anniversaire de la mort de leurs parents, le jeune frère invita son aîné chez lui pour la cérémonie. Ce dernier, qui avait toujours méprisé son frère et ignorait sa nouvelle fortune, lui adressa un défi :

— Le jour où tu pourras dérouler un tapis jusque chez moi, je viendrai te rendre visite.

Il fut bien surpris de voir le tapis arriver devant sa porte peu de temps après. Poussé plus par la curiosité que par l'amour fraternel, il se précipita avec sa femme chez le cadet, et constata que celui-ci était devenu mille fois plus riche que lui. Il lui demanda insidieusement comment cette richesse lui était venue. Le cadet n'hésita pas à lui raconter l'histoire de la carambole et du corbeau géant. L'aîné pensa tout de suite que s'il devenait le propriétaire du carambolier, il pourrait aller sur l'île au trésor avec le corbeau. Il proposa à son frère d'échanger toute sa fortune contre la hutte et le carambolier. Celui-ci accepta.

Bientôt l'aîné et sa femme s'installèrent à contrecœur dans la pauvre demeure. Mais, poussés par la perspective d'une fortune facile, ils serrèrent les dents et attendirent la saison des caramboles. Les fruits mûrirent, et, comme ils s'y attendaient, le corbeau se présenta pour manger la récolte. À leurs gémissements simulés, le corbeau répondit :

— Je mange les fruits, je rembourse avec de l'or. Préparez un sac de trois livres.

Tout heureux, ils préparèrent non pas un sac, mais trois. Pas de trois livres, mais de six chacun. Bientôt le corbeau les emmena dans les airs, par-dessus les montagnes et les lacs. Ils arrivèrent sur l'île. Là ils remplirent avidement tous les sacs. Ils remplirent aussi leurs poches et même leur bouche, et tout ce qui pouvait contenir les diamants, les perles et l'or.

Mais trop lourdement chargé, le corbeau n'arriva pas à s'envoler. Il les abandonna sur la plage, où ils finirent par mourir de faim au milieu d'un immense trésor.

# Histoire du chien de pierre

*Con chó đá*

Autrefois, il y avait un étudiant qui se rendait tous les jours à un village voisin pour suivre les enseignements d'un lettré de renom. À l'entrée de ce village se dressait la statue en pierre d'un chien. Chaque fois qu'il passait devant le chien de pierre, comme par enchantement ce dernier se levait, remuant sa queue pour le saluer. Un jour, intrigué, l'étudiant s'arrêta et le questionna :

— Tout le monde passe par ici. J'ai observé que tu ne te manifestes jamais. Comment se fait-il que tu me réserves cet accueil ?

Le chien de pierre répondit :

— Je sais qu'à la prochaine session des concours, tu seras le seul de la région à être reçu. Le Ciel en a décidé ainsi et je tiens à saluer en toi le futur mandarin.

L'étudiant, tout heureux, rapporta la nouvelle à ses parents. Ceux-ci se sentirent tout d'un coup importants et se montrèrent hautains et pleins de suffisance envers les gens du village. En menant paître leurs buffles, ils ne se soucièrent plus de suivre les chemins et se permirent de couper à travers les champs des autres, piétinant leurs récoltes. Les gens se plaignirent, mais ils répondirent sèchement :

— Attention à vous ! Notre fils va être mandarin. Vous avez intérêt à vous tenir tranquilles, autrement il vous en cuira !

Devant autant d'assurance, les gens prirent peur et n'osèrent plus rien dire. Mais depuis, lorsque l'étudiant passait devant le chien de pierre, celui-ci ne bougeait pas. Une fois, deux fois, cinq fois. L'étudiant finit par lui en demander la raison.

Le chien lui répondit :

— Je ne te salue plus car tu ne seras pas mandarin. Comme tes parents se sont mal conduits, les gens se sont plaints et leur mécontentement est parvenu à la Cour céleste. Le Ciel a décidé de rayer ton nom de la liste des lauréats du prochain concours.

L'étudiant rapporta aussitôt ces propos à ses parents. Ceux-ci se rendirent compte de leur vanité mal placée et s'en allèrent présenter leurs excuses aux victimes en leur apportant des dédommagements.

Malgré tout, le jour du concours l'étudiant échoua. Il échoua aussi aux sessions suivantes.

Cependant il ne désespérait pas et poursuivit ses études avec encore plus d'application. De leur côté, les parents continuèrent à amender leur conduite. Ils parvinrent même à s'attirer les louanges de leurs anciennes victimes.

Un jour, en repassant devant le chien de pierre, l'étudiant vit celui-ci se lever et le saluer comme autrefois. Il apprit que, grâce à sa constance et au repentir de ses parents, le Ciel avait décidé de remettre son nom sur la liste des reçus.

À la session suivante, l'étudiant réussit brillamment et fut nommé aux plus hautes fonctions. Il se révéla être un bon gouverneur, juste et efficace pour le plus grand bonheur des gens qu'il avait la charge d'administrer.

# Le combat du génie des Montagnes et du génie des Eaux

*Sơn-Tinh Thủy-Tinh*

Le dix-huitième roi de la dynastie des Hùng avait pour enfant unique une fille dont la beauté et la grâce étaient connues dans tout le royaume et même au-delà.

Aussi, lorsque le roi annonça son désir de la marier, des prétendants affluèrent de partout. Cependant, le roi souhaitait choisir celui qui posséderait des talents et des qualités extraordinaires afin d'être digne de le remplacer sur le trône.

Parmi les nombreux prétendants se présentèrent deux jeunes gens dotés de pouvoirs magiques. Le premier savait faire bouger les montagnes, déplacer les vallées, pousser les forêts, et commandait une armée composée de toutes les créatures vivant dans les forêts sur les Hautes-Terres. C'était Sơn-Tinh, le génie des Montagnes. Le deuxième avait le pouvoir de commander les flots des mers et des fleuves, les nuages, le tonnerre et les éclairs, et toutes les créatures aquatiques. Il savait aussi bien faire tomber une pluie fine bienfaisante que déclencher une tempête dévastatrice. C'était Thủy-Tinh, le génie des Eaux.

Lorsque chacun eut fait la démonstration de ses pouvoirs extraordinaires, le roi Hùng eut bien de la peine à se décider. Alors, il décréta qu'il marierait sa fille à celui qui apporterait le premier les présents les plus rares et les plus beaux. Les deux prétendants s'en allèrent chacun de son côté à la recherche des cadeaux demandés.

Dès le lendemain, Sơn-Tinh revint, chargé des produits les plus rares et les plus précieux que l'on pût imaginer sur terre. Le roi, satisfait, et se rappelant sa promesse, lui accorda sur-le-champ la main de sa fille. Aussitôt les cérémonies du mariage terminées, Sơn-Tinh partit dans les montagnes avec son épouse et sa troupe.

Sur ce arriva Thủy-Tinh, chargé des présents les plus beaux, les plus extraordinaires que l'on pût imaginer. Tout fier d'avoir rapporté les cadeaux dignes de ses pouvoirs, il fut très déçu de constater que le roi avait déjà donné sa fille à Sơn-Tinh. Il entra dans une grande colère et décida de donner la chasse à Sơn-Tinh afin de lui ravir la princesse de force.

Il lança à la poursuite de Sơn-Tinh les puissances des eaux. Des vagues monstrueuses déferlèrent dans les estuaires. Les fleuves sortirent de leur lit et inondèrent toutes les vallées. Sơn-Tinh fit alors monter les montagnes et les terres à mesure que les éléments liquides submergeaient le pays. Thủy-Tinh déclencha des pluies et des tempêtes. Des villages entiers furent sinistrés, et le nombre des victimes s'accrût sans cesse. Aussitôt, Sơn-Tinh ordonna à ses troupes de faire des barrages avec des arbres, de bloquer les vallées avec des rochers, permettant ainsi à un bon nombre de gens de trouver un refuge.

Le combat dura ainsi plusieurs semaines. Enfin, de guerre lasse, Thủy-Tinh résolut de retirer ses éléments, et le pays retrouva son aspect normal. Cependant, sa colère ne se calma pas pour autant. Périodiquement, il reprenait ses attaques contre les terres et les montagnes. Voilà pourquoi, depuis la nuit des temps, le Việt-nam connaît chaque année, au début de l'automne, des inondations et de fortes pluies à l'intérieur des terres et de violentes tempêtes sur les côtes.

C'est l'éternel combat entre Thủy-Tinh, le génie des Eaux, et Sơn-Tinh, le génie des Montagnes.

# HISTOIRE DU PETIT CRABE DES SABLES
*Dạ-tràng*

Il était une fois, dans la province de Sơn-Tây, un homme du nom de Dạ-tràng. Il vivait de la chasse, et tous les jours partait dans la forêt à la recherche de quelque gibier. Près d'un rocher, sur sa piste habituelle, il avait remarqué un couple de serpents à la peau noire et brillante tachée de blanc. Le mâle et la femelle avaient l'habitude de s'entrelacer dans une sorte de danse sous les rayons du soleil. Comme ce n'était pas son gibier, il ne les avait pas tués. Mais il avait pris l'habitude de faire un détour pour les observer chaque fois qu'il se rendait dans la forêt. Un jour, il vit la femelle en pleine mue. Tant qu'elle fut empêtrée dans sa peau morte, le serpent mâle prit soin d'elle, lui apportant à manger et veillant à sa sécurité. Peu de temps après, ce fut au tour du serpent mâle de faire sa mue. La femelle, au lieu de s'occuper de lui, profita de l'occasion pour aller s'amuser avec un autre mâle. Choqué de tant d'ingratitude, Dạ-tràng la tua d'une flèche. Le mâle, une fois sa mue terminée, attendit en vain le retour de sa compagne. Partant à sa recherche il la découvrit morte, transpercée par la flèche portant les marques de Dạ-tràng. Fou de douleur, il décida de la venger.

Arrivé chez Dạ-tràng, il s'enroula autour d'une poutre de la charpente et écouta. Dạ-tràng racontait à sa femme l'infidélité du serpent femelle et la punition qu'il lui avait infligée. À ce récit, le serpent comprit la mauvaise conduite de sa compagne. Il approuva le geste de Dạ-tràng et ne songea plus à se venger.

Il revint le lendemain apporter à Dạ-tràng une perle resplendissante, en lui disant que s'il la mettait dans sa bouche, il comprendrait le langage des animaux. Dạ-tràng voulut le vérifier et il partit chasser avec la perle dans sa bouche.

Comme il atteignait la lisière de la forêt, il entendit des corbeaux qui parlaient entre eux d'un cerf blessé dans une clairière, non loin de là. Il s'y rendit et trouva l'animal agonisant. Il l'acheva d'une flèche. Les corbeaux vinrent lui demander les entrailles. Dạ-tràng les leur donna en guise de remerciement. Dès lors, il prit l'habitude d'écouter les indications des corbeaux et fit des chasses abondantes. Et chaque fois, il récompensa ses indicateurs en leur cédant une part de sa chasse.

Un jour, après avoir tué une bête, ne voyant pas de corbeaux au rendez-vous, il décida de leur laisser les restes sur un tronc d'arbre. Des chiens errants passant par là en profitèrent pour faire un festin. Les corbeaux vinrent réclamer leur dû chez Dạ-tràng. Celui-ci raconta alors ce qu'il avait fait, mais les corbeaux ne le crurent pas. Bientôt ils lui cherchèrent querelle. Dạ-tràng, agacé, les fit partir à coups de flèches. Les oiseaux jurèrent de se venger.

Peu après, Dạ-tràng fut arrêté. On avait trouvé une de ses flèches plantée dans le cadavre d'un homme repêché dans le fleuve. Dạ-tràng comprit que c'était l'œuvre des corbeaux, cria son innocence, mais personne ne crut ses dénégations. Il fut jugé et jeté en prison.

Dans sa cellule, un jour, il entendit les moineaux projeter de piller les réserves de riz du palais, qui étaient mal gardées. Aussitôt, il demanda à voir le chef de la prison pour lui rapporter l'information. Mais on ne l'écouta pas. Bientôt les nouvelles arrivèrent ; les réserves du palais avaient été mangées par les moineaux.

Un peu plus tard, Dạ-tràng entendit les fourmis annoncer qu'une grande inondation allait engloutir toute la région. Il rapporta aussitôt la nouvelle au gardien de la prison. Cette fois-ci, on prit ses paroles au sérieux, et la Cour fut avertie. On entreprit de surélever et de consolider les digues, de déplacer les villageois menacés, de prendre toutes les mesures adéquates pour combattre les eaux.

En effet, peu après, de violents orages éclatèrent. Il tomba des montagnes d'eau durant des semaines entières. Tous les cours d'eau gonflèrent, les rivières et les fleuves atteignirent des niveaux inconnus jusqu'alors.

La catastrophe fut évitée, de nombreuses populations furent épargnées. Le roi fit venir Dạ-tràng à la Cour. Celui-ci put alors prouver l'erreur judiciaire qui l'avait fait mettre en prison, et expliqua le pouvoir de la perle qui lui avait permis de prévenir les catastrophes. Le roi voulut l'essayer et il comprit ainsi les bavardages des oiseaux dans les jardins du palais. Il ordonna qu'on libère Dạ-tràng sur-le-champ. Pour le récompenser, il le garda au palais, lui donna même des titres de noblesse.

Depuis, quand le roi allait se promener, il prenait la perle dans sa bouche et s'amusait à écouter tous les animaux, petits et grands, raconter leur vie, leurs joies et leurs peines. Il constata que le monde des animaux n'était pas si différent de celui des humains, avec ses intrigues, ses cupidités et ses mesquineries.

Un jour, voulant savoir comment le monde aquatique vivait, il embarqua sur son bateau royal et sortit en mer, accompagné de Dạ-tràng. Il découvrit, là aussi, les mêmes scènes de jalousie, les mêmes convoitises, les mêmes tromperies, et les mêmes joies et peines. Sur le point d'être lassé par tant de banalités, le roi aperçut le long du bateau une seiche qui ondulait dans une danse maladroite. Tout en nageant, elle chantait, et les paroles étaient si drôles que le roi éclata de rire, oubliant la perle. Celle-ci tomba dans les flots. Dạ-tràng fut désespéré, et le roi se répandit en regrets. Il ordonna aux meilleurs plongeurs du royaume d'aller la chercher. Mais tous les efforts demeurèrent vains. La perle resta introuvable.

Dans son désespoir, Dạ-tràng eut l'idée de combler la mer en y déversant des masses de sable. Au début, le roi, voulant racheter sa faute, lui fournit des milliers d'ouvriers et des charrettes en grand nombre, apportant de partout des quantités colossales de sable. Mais lorsqu'il se rendit compte de la folie de l'entreprise, il retira son aide.

Alors Dạ-tràng continua seul, obstinément. Jour et nuit, il jeta du sable dans les flots. Il finit par s'épuiser, tomba malade et mourut.

On raconte que depuis, il y a un crabe minuscule qui n'arrête pas de charrier le sable, grain par grain, jusqu'à la mer. Chaque fois qu'une vague le roule et lui arrache un grain, il va en chercher un autre – et ainsi, éternellement. C'est Dạ-tràng, transformé en crabe, qui poursuit inlassablement son travail.

# Histoire de la tache sur la Lune
*Cuội*

À la pleine lune, quand on regarde l'astre des nuits, on croit y voir l'image d'un homme assis au pied d'un arbre. La légende raconte que c'est Cuội et son banian. L'histoire commença le jour où Cuội, bûcheron de son état, partit en forêt chercher du bois. En chemin, il tomba sur une portée de jeunes tigres près d'un rocher. Comme il avait sa hache à la main, il en profita pour les tuer.

Mais voilà qu'il entendit le grognement de la mère qui regagnait sa tanière. Pris de panique, il grimpa dans l'arbre le plus proche. En se cachant dans le feuillage, Cuội risqua un coup d'œil sur la scène en bas.

La tigresse, constatant la mort de ses petits, poussa des rugissements de douleur, puis se précipita vers le torrent en contrebas. Là, Cuội la vit sauter pour attraper une à une les feuilles d'un arbre au bord de l'eau. Revenue auprès des cadavres de ses petits, elle mâcha les feuilles, mit la bouillie dans la bouche des tigrons, qui, comme par miracle, revinrent à la vie. Ensuite la tigresse les emmena dans la forêt profonde.

Cuội attendit longtemps avant de quitter sa cachette. Puis il décida d'aller examiner de plus près l'arbre miraculeux. Il eut l'idée d'en prendre une branche et de l'emporter avec lui. Une fois rentré à la maison, il plaça la branche dans un pot pour lui faire prendre racine, et veilla sur elle jour et nuit, lui prodiguant tous les soins dont il était capable. Bientôt, la branche prit racine et devint un arbre qui grandit rapidement. Dès lors, Cuội fit à son tour des miracles et sauva quantité de gens très malades, en utilisant la bouillie de feuilles, comme l'avait fait la tigresse. Évidemment, Cuội chérissait son arbre. Il ne cessait de recommander à sa femme d'éviter à tout prix de le souiller de quelque façon que ce soit. À force, sa femme finit par devenir jalouse de l'arbre. Un jour, en allant vider les ordures, elle eut la méchante idée de les jeter contre l'arbre.

Aussitôt, l'arbre s'arracha de terre et commença à s'élever dans les airs. Cuội, qui arrivait à ce moment-là, ne sachant comment le retenir, n'eut que le temps de planter dans le tronc la hache qu'il avait à la main et de s'y agripper comme il put. L'arbre continua de s'élever de plus en plus haut et de plus en plus vite. Bientôt, il atteignit la Lune avec le pauvre Cuội toujours accroché à son tronc. Depuis, Cuội, assis sur la Lune au pied de son arbre, attend l'occasion de redescendre sur Terre.

# Histoire du renard qui parle
*Con chôn biêt nói*

Il était une fois deux frères, orphelins depuis leur jeune âge, qui vivaient ensemble à l'écart du village. L'aîné était travailleur, mais particulièrement stupide et âpre au gain. Le cadet, au contraire, était connu pour son intelligence et sa gentillesse, mais hélas il était aussi très paresseux.

Un jour, le frère aîné revint de la forêt avec un panier plein de fruits succulents. Le cadet avait bien envie d'en manger, mais ne voulant pas même s'asseoir, il resta couché, et se contenta d'allonger le bras et d'envoyer les fruits directement dans sa bouche. Un renard, passant par là, arriva sans bruit derrière lui et attrapa les fruits avant qu'ils ne tombent dans la bouche du paresseux.

Mais le garçon était rapide et il saisit le renard par le cou. Celui-ci se débattit en vain. Comme le jeune frère n'était pas méchant, il adopta l'animal, l'entourant de gentillesse et d'affection. Il lui apprit des tours de cirque et lui enseigna même à parler. Un jour, en se promenant avec son animal apprivoisé dans la campagne, il rencontra un groupe de marchands. Il eut l'idée de leur proposer un pari :

— Voulez-vous parier avec moi que mon renard ici présent sait parler ?

Les marchands, amusés de son audace, éclatèrent de rire en lui disant :

— Si ton renard peut parler, nous voulons bien te donner toutes nos marchandises. Sinon, tu auras vingt coups de fouet pour avoir osé te moquer de nous !

Quel ne fut pas leur désappointement, lorsque le renard se mit, tel un être humain, à leur raconter des histoires. Respectant leur parole, les marchands remirent à regret tous leurs biens au jeune garçon. Un peu plus loin, le garçon rencontra un groupe de gardiens de buffles. Il leur proposa le pari de faire chanter son renard, en échange de leurs animaux. Sinon, il leur donnerait toutes les marchandises qu'il venait de recevoir. Pari tenu, et pari gagné à la stupeur des hommes. Le jeune garçon rentra chez lui, chargé de marchandises et nanti d'un troupeau de buffles.

Le frère aîné, étonné de l'enrichissement soudain de son cadet, nourrit alors des intentions cupides. Il questionna son jeune frère, qui lui révéla sans hésiter le secret de sa réussite.

L'autre lui demanda de lui prêter le renard, ce que le cadet accepta de bon cœur. Aussitôt, l'aîné partit à la ville avec le précieux animal. Arrivé à une rivière, qu'il fallait traverser à la nage, au lieu de prendre le renard sous son bras pour lui éviter de se mouiller, il le jeta sans ménagement à l'eau et l'obligea à nager à ses côtés. Parvenu de l'autre côté, le pauvre animal était si épuisé qu'il se mit à haïr le frère aîné.

Lequel rencontra bientôt un riche marchand avec qui il fit un pari : les marchandises si le renard parlait, des coups de fouet dans le cas contraire. Amusé, le marchand accepta. Mais le renard ne prononça pas un mot, à la grande déception du frère aîné, qui reçut sa punition sous les railleries des spectateurs qui le traitèrent de simple d'esprit. Furieux, le frère aîné frappa à mort le pauvre animal et abandonna son cadavre dans un buisson. Une fois rentré, il dut avouer sa mésaventure et la mort du renard tout en le maudissant. Le cadet éclata en sanglots. Il regrettait son animal favori et décida d'aller rechercher la dépouille pour l'inhumer comme celle d'un être aimé. Il l'enterra au pied d'un arbre, près de la maison, et y vint régulièrement pleurer et prier. À sa grande surprise, lors de chacune de ses visites, il tombait des branches une pluie de pièces d'argent. Il les rapporta à la maison et continua à s'enrichir. Son frère le questionna sur l'origine de ce nouveau pactole. Toujours aussi confiant, le cadet lui raconta l'histoire. Aussitôt, le grand frère se rendit sur la tombe du renard avec un plateau chargé de présents. Il pria avec ferveur et demanda des richesses à la mesure de ses offrandes. Mais en fait de pièces d'argent, des bandes d'oiseaux vinrent l'arroser de leurs déjections. Il en fut couvert, et c'est à grand-peine qu'il regagna la maison, sous l'averse malodorante et visqueuse.

Très en colère, il revint avec une hache, abattit l'arbre, et le brûla.

Le jeune frère en fut fort peiné. Parmi les cendres, il remarqua une branche encore intacte, la ramassa et eut l'idée de la creuser afin d'en faire une auge pour ses cochons. Bientôt, miraculeusement, ses cochons doublèrent de poids et il put les vendre un bon prix.

Voyant cela, l'aîné lui demanda de lui prêter l'auge. Il la plaça dans sa porcherie. Mais bientôt, au lieu d'engraisser, ses cochons dépérirent et devinrent si minuscules que les corbeaux les enlevèrent. Furieux, il prit sa hache et fracassa l'auge dont il jeta les morceaux dans le feu. Le cadet n'en put sauver qu'un fragment. Ne sachant qu'en faire, il le tailla en peigne. En le passant dans ses cheveux, il eut la surprise de constater que ceux-ci devenaient souples et brillants et poussaient avec vigueur. Il proposa aux jeunes filles et femmes du village de leur donner de beaux cheveux, et bientôt son succès fut tel qu'on accourut de partout pour bénéficier de ses services qu'on payait à prix d'or.

Le frère aîné, stupéfait de cette nouvelle réussite, lui emprunta le peigne en espérant gagner à son tour une fortune. Il fit un essai sur ses propres cheveux. Hélas, ceux-ci tombèrent par touffes et bientôt il ne lui resta plus un poil sur le crâne. Fou furieux, il jeta le peigne dans le feu. Le jeune frère ne put récupérer qu'une dent, toute recourbée par la chaleur. Il eut l'idée d'en faire un hameçon, et partit pêcher. Chaque fois qu'il plongeait sa ligne dans l'eau, les poissons se disputaient pour mordre, et bientôt il se rendit au marché, chargé de paniers remplis de poissons de toutes tailles dont il retira une bonne somme d'argent.

Son frère lui vola alors l'hameçon et partit pêcher à son tour. Mais au lieu de poissons, il ramena des serpents de toutes espèces. Effrayé, il rejeta les reptiles avec l'hameçon et prit la fuite.

Le jeune frère se rendit à la rivière pour essayer de retrouver l'hameçon. Mais ses recherches furent vaines. Désespéré, il s'assit sur la rive et se mit à pleurer.

Soudain, une ravissante jeune fille sortit de l'onde et vint vers lui. Elle lui demanda s'il était le propriétaire de l'hameçon et lui apprit alors que son père Long Vuong, le roi du Monde aquatique, avait eu la mauvaise fortune d'avaler l'hameçon et qu'il donnerait une forte récompense à qui l'en débarrasserait. Elle lui proposa de la suivre dans les flots, le prit par la main et ils entrèrent dans l'eau comme s'ils marchaient sur la terre ferme. Bientôt ils arrivèrent à un splendide palais, où le roi gémissait sur son trône. Le jeune homme lui enleva de la bouche, comme par magie, le douloureux objet. Le roi lui offrit alors en récompense un parasol, en lui disant :

— Ne l'ouvre pas quand il pleut ou qu'il y a de l'orage. Ouvre-le seulement quand la sécheresse sévit. Un dragon viendra alors cracher la pluie et arroser tes terres.

Le jeune garçon ne craignit plus le manque de pluie, ses terres furent toujours bien arrosées et ses récoltes abondantes.

## Le mendiant qui devint roi

*Ăn mày thành Vua*

Le candide avait reçu du roi du Monde aquatique un parasol magique qui faisait pleuvoir à chaque fois qu'il l'ouvrait. De cette manière, ses terres ne souffraient jamais de la sécheresse.

Un jour qu'il appelait ainsi la pluie, un poisson aux écailles étincelantes et multicolores tomba des nuages et nagea avec grâce dans une flaque d'eau. Séduit par sa beauté, le garçon le ramassa et le mit dans une jarre d'eau pure. Il venait souvent l'admirer et lui parler comme à un ami.

Le candide constata qu'après chacune de ses absences, il retrouvait sa maison rangée et nettoyée, comme si quelqu'un habitait là et veillait à son bon ordre. Intrigué, il feignit un jour de partir, revint aussitôt par-derrière et grimpa dans la charpente pour épier.

Il vit alors sortir de la jarre la fille du roi du Monde aquatique. Elle se mit à faire le ménage et la cuisine.

Il prit une décision rapide, descendit de sa cachette et alla casser la jarre. La fille, privée de refuge, dut lui avouer que depuis leur dernière rencontre elle s'était éprise de lui et avait obtenu de son père l'autorisation de venir vivre avec lui. Mais que, craignant son refus, elle s'était contentée de ce stratagème.

Le garçon, tout heureux, lui proposa de l'épouser sur-le-champ. Il vécut alors dans un bonheur total, passant son temps à regarder sa femme, ne la quittant plus un instant, négligeant toute activité. Pour le pousser au travail, son épouse eut l'idée de dessiner deux portraits d'elle, qu'elle plaça à chaque bout du champ, de telle sorte qu'il pouvait la voir tout en labourant. Mais un jour, pendant qu'il travaillait, des soldats passèrent à proximité de la maison et remarquèrent la beauté particulière de sa femme. Ils décidèrent de l'enlever et l'emmenèrent pour la présenter au souverain du pays.

Le roi tomba aussitôt sous le charme de la captive et décida de l'épouser. Il répudia toutes ses autres femmes, décréta qu'elle devenait la reine, son unique épouse de premier rang. Cependant, celle-ci demeurait une beauté froide et ne souriait jamais, malgré toutes les tentatives du roi pour la distraire.

Pendant ce temps, le pauvre candide était désespéré de la disparition de sa femme. Il décida de partir à sa recherche. Errant de village en village, de ville en ville, il demandait à tous ceux qu'il rencontrait s'ils savaient quelque chose d'elle. À la longue, il devint tout maigre et, avec ses habits en haillons, il eut tout d'un mendiant.

Un jour, quelqu'un lui dit que la nouvelle reine ressemblait à celle qu'il décrivait. Malgré son aspect misérable, il se présenta avec courage aux portes du palais. Comme obéissant à un ordre mystérieux, les soldats le laissèrent entrer.

On le conduisit devant le couple royal. À sa vue, la reine se mit à rire, retrouvant toute sa pétulance. Le roi, étonné et ravi, crut que la seule vue du mendiant avait suffi à faire sortir sa reine préférée de la léthargie. Il décida d'échanger, à l'abri des regards pour créer la surprise, ses habits royaux contre les haillons du miséreux, afin de surprendre et d'amuser sa favorite.

Mais dès qu'il eut revêtu des guenilles, la reine appela les soldats pour chasser le faux mendiant, qu'elle fit passer pour fou. Après quoi, elle demanda à son ancien époux de l'accompagner dans ses appartements privés. Grâce aux habits royaux, personne n'osa lever les yeux sur lui. C'est ainsi que le candide devint roi. Pour le bonheur du peuple, il se révéla être un bon souverain, et sut gouverner avec justice. Grâce au pouvoir magique de son parasol qui faisait venir la pluie à la demande, le pays devint prospère et ne souffrit plus des sécheresses si catastrophiques autrefois.

# Histoire de la citadelle Cổ-Loa

*Mỵ-Châu Trọng-Thủy*

Au IIIe siècle avant l'ère chrétienne, le seigneur Thục-Phán, ayant vaincu le dernier des dix-huit rois Hùng, prit comme nom de règne An-Dương-Vương, et changea le nom du pays Văn-Lang en Âu-Lạc. Il entreprit de bâtir la nouvelle capitale dans la région de Phong-Khê. Cependant, chaque fois qu'on avait fini d'élever les murailles, celles-ci s'écroulaient. Des années passèrent et la citadelle n'était toujours pas sortie de terre.

Sur les conseils des sages, An-Dương-Vương organisa une grande cérémonie pour demander aux Esprits célestes de lui permettre de bâtir sa capitale.

Ses incantations parvinrent au génie des Mers qui lui envoya la Tortue d'or – Kim-Quy. Après avoir pris connaissance des événements, la Tortue d'or indiqua que le sol sur lequel le roi avait choisi de construire sa capitale était habité par des esprits maléfiques. Grâce à ses pouvoirs magiques, la Tortue d'or chassa les démons. La capitale fut enfin bâtie. Les longues murailles suivaient une spirale en s'élevant par étages successifs dessinant la forme d'une conque. Le roi lui donna le nom de Loa-Thành : la citadelle à la forme de conque.

Sa mission accomplie, la Tortue d'or s'apprêta à regagner les flots. Avant de partir, elle arracha une griffe de ses nageoires, et la remit au roi en lui enjoignant de faire fabriquer une arbalète avec sa griffe comme gâchette. La griffe donna à l'arbalète un pouvoir terrible. D'un seul trait, elle pouvait tuer des milliers d'hommes. An-Dương-Vương parvint ainsi à repousser toutes les attaques des armées de l'empereur chinois Tân-Thủy-Hoàng, qui convoitait le royaume. À cette époque, l'empereur faisait élever la Grande Muraille de Chine pour se défendre des invasions venant de l'ouest, et il supportait mal la présence d'un royaume trop puissant dans les régions du Sud.

Le général chinois Triệu- Đà chargé de la conquête, comprenant qu'il ne pouvait vaincre par la force, entreprit de venir à bout du roi An-Dương-Vương par la ruse. Il feignit de vouloir la paix, demanda en mariage la fille unique du roi, la princesse Mỵ-Châu, pour son fils Trọng-Thủy. En signe de bonne volonté, il proposa même que son fils restât dans la capitale Loa Thành en gage de non-agression. An-Dương-Vương accepta, estimant que la paix avec un voisin aussi important était préférable à la guerre.

Trọng-Thủy était un jeune homme plein d'esprit et de talent. Mỵ-Châu ne tarda pas à tomber follement amoureuse de son époux. Celui-ci lui témoignait en retour une sincère affection. Cependant il n'oubliait pas sa mission, qui était de voler la griffe magique. Aussi, un jour que le roi était absent, en usant de tout son charme, il persuada Mỵ-Châu de lui faire voir l'arbalète magique. Après beaucoup de réticence, Mỵ-Châu accepta de le mener dans la salle du trône où l'objet était gardé. Usant d'un stratagème pour détourner la vigilance de Mỵ-Châu, Trọng-Thủy subtilisa la griffe et mit à sa place une copie.

Puis, prétextant que son père lui manquait, il demanda la permission de retourner en Chine pour quelque temps. Le roi An-Dương-Vương, confiant dans les pouvoirs de l'arbalète magique, acquiesça. Trọng-Thủy, en faisant ses adieux à son épouse, lui demanda, si jamais des troubles éclataient pendant son absence, comment il pourrait la retrouver. Mỵ-Châu indiqua qu'il lui suffirait de suivre les plumes d'oie de son manteau qu'elle sèmerait sur sa route.

Aussitôt que son fils lui apporta la bonne nouvelle, le général Triệu- Đà déclencha l'offensive. Bien qu'on lui annonçât l'approche de l'armée chinoise, le roi An-Dương-Vương ne voulut faire aucun préparatif de défense et laissa l'armée de Triệu- Đà encercler la capitale. À la dernière minute, il sortit son arbalète et tira. Mais aucun soldat ennemi ne tomba. Il répéta tir sur tir, mais rien ne se passa. Il comprit alors que les pouvoirs de l'arme avaient disparu, et il prit la fuite.

Le roi prit sa fille en croupe et ils chevauchèrent par monts et par vaux, empruntant des chemins secrets. À sa grande surprise, le roi ne put semer les troupes chinoises qui le talonnaient toujours plus près.

Acculé sur un promontoire dominant la mer, il invoqua alors les esprits des Eaux. La Tortue d'or apparut et lui cria :

— Ton ennemi est juste derrière toi !

Voyant les plumes semées sur ses pas, le roi comprit la trahison de sa fille. Il lui trancha la tête, puis se laissa tomber dans les vagues.

Trọng-Thủy, arrivant sur les lieux, constata la mort de sa bien-aimée. Désespéré, il rentra à la citadelle et se jeta dans un puits.

On raconte que le sang de Mỵ-Châu, coulant dans la mer, se transforma en perles. Lavées dans l'eau du puits de la citadelle, elles prirent un éclat féerique.

Il y avait aussi dans la région une sorte d'oiseau qui, jour et nuit, se perchait sur les murailles et criait : « Quôc Quôc », « Mon pays, mon pays. » C'était l'âme du roi An-Dương-Vương qui pleurait la perte du royaume.

La citadelle Loa-Thành, que les Vietnamiens appelèrent Cổ-Loa après sa chute, fut rasée par les Chinois. Les vestiges sont cependant encore visibles de nos jours.

# Fondation du Đại-Cô-Việt

*Đinh-Bộ-Lĩnh*

Il était une fois, dans le village de Đàm-Gia, un homme du nom de Đinh-Công-Trứ, préfet à la retraite. Sa femme s'appelait Đàm-Thi, elle était beaucoup plus jeune que lui. Le couple n'avait pas d'enfant, à la grande tristesse de Đinh-Công-Trứ. Cependant les époux s'aimaient sincèrement et se contentaient de leur bonheur simple et paisible.

Un jour, Đàm-Thi alla se baigner, comme à son habitude, dans la rivière qui coulait près de la maison. Soudain surgit une loutre géante. Fendant l'eau tel un bateau, l'animal se précipita vers elle. Terrifiée, elle s'évanouit. Quand elle se réveilla, elle était couchée sur la berge ; un bel homme de grande taille lui caressait tendrement le visage. Surprise, elle se leva, et l'homme se changea en loutre, plongea dans l'eau et disparut. Elle comprit que la loutre était un génie capable de se changer en humain.

Peu après, elle se trouva enceinte, et comprit que c'était l'œuvre du génie. Elle ne dit rien à personne et quelques mois plus tard, elle mit au monde un magnifique garçon. Le vieux mari, tout heureux, remercia le Ciel de lui avoir donné un héritier. Il l'appela Đinh-Bộ-Lĩnh. Quelque temps plus tard, le vieil homme mourut, sans savoir que Bô-Lĩnh n'était pas son fils. Les années passèrent. Le garçon, en grandissant, se révéla d'une grande vivacité d'esprit. Il apprenait et comprenait vite tout ce qu'on lui enseignait. Il était très fort et très habile. Il nageait vite et pouvait rester sous l'eau pendant de longues minutes. Entre-temps, les villageois avaient capturé la loutre géante. Ils la tuèrent, la dépecèrent pour prendre sa fourrure, et jetèrent les restes dans les champs. La nuit suivante, Đàm-Thi vit en songe le génie-loutre qui lui demandait d'aller récupérer sa dépouille et de l'enterrer dans son jardin. Ce qu'elle fit. Un jour, arriva dans le village un homme venu de la Chine voisine. Il avait pu déterminer par de savants calculs que le village abritait le lieu magique favorable pour l'inhumation de ses ancêtres. Guidé par son pendule, il se rendit au bord de la rivière. Sur ses incantations et ses formules secrètes, une lumière apparut au fond de l'eau. L'homme recruta alors de solides plongeurs pour aller inspecter la source de cette lumière. La rivière était si profonde que personne n'y parvint.

Alors, les gens du village pensèrent à Đinh-Bộ-Lĩnh qui, malgré son jeune âge, accepta. Il plongea de plus en plus profond et, sans ses dons particuliers, il aurait certainement, lui aussi, abandonné. Finalement, il atteignit une grotte, dans laquelle se trouvait un cheval de jade resplendissant de lumière.

Il eut l'idée d'arracher une touffe d'herbe qui poussait à l'entrée de la grotte et de la présenter au cheval. Celui-ci ouvrit la bouche et l'avala. Đinh-Bộ-Lĩnh, remonté à la surface, rapporta les faits au savant.

Celui-ci ouvrit un coffre en bois précieux qu'il avait apporté avec lui et sortit des ossements. C'étaient ceux de ses parents. Il expliqua que, d'après ses calculs de géomancie, celui qui pourrait faire avaler les reliques de ses parents par le cheval de jade serait roi. Il confia donc à Đinh-Bộ-Lĩnh le précieux colis en lui enjoignant d'aller le présenter au cheval. Bô-Lĩnh plongea de nouveau. Mais, au lieu de faire ce qui lui avait été demandé, il coinça le paquet sous un rocher et remonta à la surface. Le savant, tout content, lui accorda une généreuse récompense et promit même que, quand il serait roi, il ferait venir Bô-Lĩnh et sa famille en Chine pour une vie meilleure. Puis il partit. Bô-Lĩnh rentra chez lui, demanda à sa mère où était enterré son père. Celle-ci lui indiqua l'endroit du jardin où étaient enfouis les restes de la loutre. Bô-Lĩnh déterra les ossements et à nouveau plongea dans la rivière. Il parvint à la grotte et fit avaler le tout au cheval de jade.

Dès lors, Bô-Lĩnh devint encore plus intelligent et plus fort. Tous les enfants le craignaient et ils le choisirent pour chef. Tout en gardant les buffles, il organisait avec sa bande de véritables batailles contre les enfants des villages voisins, appliquant des stratégies que lui seul pouvait imaginer. Il gagnait à chaque fois, étendant sa renommée et sa position de chef à tous les villages environnants. Les années passèrent. Le pays était en proie à l'anarchie. Des bandes armées terrorisaient la population. Partout régnaient l'insécurité, le pillage, et la destruction. Même l'armée chinoise, qui occupait le pays, était incapable de rétablir l'ordre et la paix. Đinh-Bộ-Lĩnh entreprit alors de lever une armée et partit de la région de Hoa-Lư combattre les bandits. Partout où il allait, il chassait les méchants, rétablissait la sécurité, permettant aux gens de travailler et de retrouver la prospérité. Il parvint même à chasser l'occupant chinois. Bientôt, le pays fut libéré et pacifié. Đinh-Bộ-Lĩnh, proclamé roi, prit pour nom Đinh-Tiên-Hoàng, le royaume s'appela alors Dại-Cô-Việt, la capitale fut établie à Hoa-Lư.

On rapporte que le savant, apprenant que Đinh-Bộ-Lĩnh était roi alors que rien n'avait changé pour lui, comprit la supercherie. Il jura de se venger. Il se présenta devant le roi, il lui offrit une épée de jade, en lui rappelant que c'était grâce à la justesse de ses calculs qu'il avait pu monter sur le trône. Il fit comprendre au roi que s'il voulait une dynastie puissante et durable, il devrait faire accrocher l'épée au cou du cheval dans la grotte. Ainsi il compléterait ses pouvoirs magiques.

Crédule, le roi revint au village et plongea dans la rivière avec l'épée. Les tourbillons de l'eau secouèrent l'épée qui trancha le cou du cheval. Aussitôt, les troubles recommencèrent dans le pays. Le roi lui-même fut assassiné par un officier de sa garde.

Ainsi s'acheva le court règne de Đinh-Tiên-Hoàng.

# Histoire des sœurs Trưng-Trắc et Trưng-Nhị

*Hai Bà Trưng*

À l'époque de la colonisation du Viêt-nam par les Chinois de la dynastie des Han, il y avait un seigneur du nom de Trưng, originaire de Mê-Linh, il gouvernait la province de Phong-Châu.

Il avait deux filles. L'aînée s'appelait Trắc, la benjamine Nhị. Trưng-Trắc avait pour époux Thi-Sách, un descendant des rois Hùng, qui dirigeait la région de Chu-Điên.

À cette époque, le gouverneur général chinois était Tô-Định, un personnage cruel et brutal. Il administrait le pays par la terreur. Ayant remarqué que Thi-Sách se montrait efficace et était très aimé du peuple, Tô-Định craignit qu'il ne fomentât des révoltes, d'autant plus qu'il réunissait les deux clans les plus puissants du pays. Il s'arrangea pour attirer Thi-Sách dans un guet-apens et le fit assassiner.

Mais cette opération eut pour effet de provoquer une rébellion dans tout le pays, sous la bannière de Trưng-Trắc.

En effet, celle-ci, avec l'aide de sa sœur Trưng-Nhị, avait su cristalliser les haines et les souffrances de la population contre l'administration de Tô- Định. Elle rassembla les chefs de guerre et les différents seigneurs vietnamiens dans un soulèvement massif, afin de venger son mari et de libérer le pays.

À la tête d'une armée forte d'une centaine de milliers d'hommes, les deux sœurs attaquèrent Tô-Định. Elles le repoussèrent jusqu'à la mer et le contraignirent à prendre la fuite en Chine.

Cette fulgurante victoire fut due à l'utilisation massive d'éléphants dans les charges, ainsi qu'à une légion de femmes soldats, à la fois déterminées et combatives. Le pays fut libéré en peu de temps. Trưng-Trắc, proclamée souveraine, établit la capitale à Mê-Linh. Son autorité était grande, et le peuple lui voua une grande adoration. Mais cette victoire blessa profondément l'orgueil de l'empereur de Chine, qui prépara un plan d'invasion avec le général Mã-Viện, vainqueur des Mongols au nord.

Après deux années de règne, les invasions recommencèrent. L'empereur chinois envoya le général Mã-Viện, à la tête d'une forte armée, reconquérir l'ancienne colonie. Les sœurs Trưng repoussèrent les premières attaques. Mã-Viện fut obligé de reculer devant l'ardeur des troupes vietnamiennes, et surtout de l'avant-garde constituée par la légion féminine.

Ayant constaté que cette avant-garde était la clef des batailles, il imagina un stratagème pour la mettre en échec. Il ordonna à ses hommes de combattre tout nus, en exhibant leurs attributs et en adoptant des attitudes provocantes. À ce spectacle, la légion féminine perdit son efficacité. Elle se laissa déborder, et bientôt les armées des sœurs Trưng battirent en retraite. Elles résistèrent quelque temps encore à Câm-Khê. Mais le général chinois continua la tactique des soldats nus, et bientôt les sœurs Trưng durent reculer jusqu'au fleuve Hát-Giang. Sur le point d'être faites prisonnières, elles préférèrent se jeter dans le fleuve.

La légende raconte que leurs corps furent changés en statues. Les habitants du village de Đong-Nhân les repêchèrent et les placèrent dans un temple érigé pour leur culte. On rapporte qu'elles firent de nombreux miracles. Plus tard, même des souverains vietnamiens vinrent leur demander de l'aide. Et, grâce à leur bonté, des famines, des inondations et autres catastrophes furent évitées.

On agrandit et embellit le temple et, aujourd'hui encore, les pèlerinages en ce lieu sont très nombreux.

# Lê-Lợi et l'épée magique

*Lam-Sơn Khởi Nghĩa*

À l'époque de la domination des Ming, il y avait un homme du nom de Lê-Lợi habitant le village de Lam-Sơn, dans la province de Thanh-Hóa. Depuis son adolescence, conscient des souffrances de la population dues aux exactions des occupants, il nourrissait le projet de chasser ces derniers. Il était connu pour sa bravoure et surtout pour son habileté dans le maniement des armes. Le général chinois commandant de la région voulut l'engager dans ses troupes. Mais Lê-Lợi déclina l'offre en déclarant qu'un gentilhomme se devait de servir son pays plutôt que d'être le serviteur de l'étranger.

En secret, il rassembla des volontaires, constitua une petite armée et commença à harceler les garnisons chinoises. Ses troupes n'étaient pas entraînées ni bien armées. À chaque attaque, malgré leur combativité, elles furent repoussées et dispersées par l'ennemi.

C'est ainsi que, lors d'une de ces déroutes, Lê-Lợi se trouva sur le point d'être capturé par ses poursuivants. Grâce à la complicité d'un vieux villageois, il se fit passer pour un paysan en train de semer du riz, ce qui le sauva.

Une autre fois, traqué par l'armée chinoise, il se cacha dans un buisson épais. On lança à ses trousses des chiens qui le cernèrent en aboyant avec fureur. Les soldats enfoncèrent leurs lances dans le buisson. Lê-Lợi fut touché à la cuisse. Mais, juste à ce moment-là, un renard bondit hors de sa cachette et partit en courant. Les chiens le poursuivirent, entraînant à leur suite les soldats chinois.

Une autre fois encore, encerclé dans les monts Chí-Linh, sans espoir de s'en échapper, Lê-Lợi décida de se rendre afin de sauver la vie de ses fidèles. Mais un de ses lieutenants, Lê-Lai, estimant que si leur chef restait libre la lutte pouvait continuer et aboutir à la victoire, parvint à le convaincre d'échanger ses habits avec lui et de faire une sortie afin de tromper les assiégeants. Son sacrifice permit à Lê-Lợi de fuir une fois de plus.

Un jour, Lê-Lợi s'arrêta dans un village de pêcheurs où il comptait des partisans. Dans la hutte où il entra pour se reposer, il remarqua une épée dans un coin. Quand il la prit, elle se mit à briller d'une vive lumière. Il interrogea le pêcheur. Celui-ci lui raconta que lors d'une récente sortie en mer, il avait pris cette épée dans ses filets. N'en voulant pas, il l'avait rejetée à l'eau, mais chaque fois qu'il remontait son filet, elle s'y trouvait. Pensant que c'était un signe du Ciel, il décida de la cacher pour l'offrir au futur libérateur du pays. Ce ne pouvait être que Lê-Lợi, vu la manière dont elle venait, pour la première fois, de resplendir.

Dès lors, Lê-Lợi accumula victoire sur victoire. Dans le même temps, grâce à l'habileté de Nguyễn-Trãi, un lettré dont le père avait été déporté en Chine, la population se souleva en masse, donnant à la lutte de Lê-Lợi l'ampleur qui lui manquait. Bientôt les occupants furent repoussés hors des frontières. Lê-Lợi fut proclamé roi, régna sous le nom de Lê-Thái-Tổ, et établit la capitale à Thặng-Long.

Pour fêter son accession au trône et remercier les esprits des Eaux de lui avoir donné l'épée de la victoire, il fit organiser une grande cérémonie sur le lac situé au centre de la capitale. À peine la cérémonie eut-elle commencé qu'une tortue géante apparut et s'adressa au roi :

— Maintenant que Sa Majesté a libéré le pays, elle n'a plus besoin de l'épée.

L'arme sortit de son fourreau, s'envola dans le ciel, se transforma en un dragon de lumière qui ondula quelques instants dans les nuages, puis plongea dans le lac avec la tortue. C'est ainsi que le lac fut appelé Hô hoàn Kiêm, ou lac de l'Épée restituée. Il se trouve toujours au centre de Hanoi, actuelle capitale du Viêt-nam. Un temple est dédié à la mémoire de l'événement.

# LA STRATÉGIE DE LA GUÉRILLA

*Nguyễn-Trãi*

À l'époque de la domination des Ming, un lettré du nom de Nguyễn-Trãi eut le malheur de voir son père déporté en Chine. En l'accompagnant jusqu'à la frontière, il lui jura de se battre pour libérer le pays et venger sa déportation.

Ayant appris le soulèvement de Lê-Lợi, il le rejoignit dans son maquis. Grâce à son érudition et à son grand sens tactique, Nguyễn-Trãi devint le conseiller et le stratège de Lê-Lợi. Il inventa la guérilla et la guerre psychologique permettant aux troupes de Lê-Lợi, faibles en nombre, de tenir tête à l'énorme armée chinoise.

Afin de provoquer un soulèvement massif de la population, il imagina un moyen astucieux pour informer les gens des actions de Lê-Lợi. Il fit écrire sur les feuilles des arbres avec du sucre dilué la phrases : « Lê-Lợi sera roi, Nguyễn-Trãi sera son ministre. » Les fourmis, en mangeant le sucre, découpaient le message sur les feuilles qui, emportées par le vent ou les rivières, répandirent l'appel dans tout le pays. Cette diffusion revêtait en plus un caractère surnaturel aux yeux de la population qui fut convaincue de la mission divine de Lê-Lợi, et le suivirent massivement. Lorsque les forces de Lê-Lợi furent prêtes, Nguyễn-Trãi rédigea le fameux texte « Bình Ngô Đại Cáo » (Déclaration solennelle de la victoire sur l'armée des Ngô), qui déclencha le soulèvement général. Dix ans après, le pays fut libéré. Lê-Lợi monta sur le trône. Nguyễn-Trãi continua à écrire de nombreux textes définissant l'organisation administrative et culturelle. Il se retira néanmoins, lorsqu'une cour se constitua autour du roi ; il était en désaccord avec la plupart des courtisans.

Sur la vie de Nguyễn-Trãi, il existe une légende.

On raconte que, lorsqu'il était encore professeur dans le village de Nhị-Khê, un jour, il voulut faire déblayer un monticule de terre derrière l'école pour gagner de la place. La veille, il vit en rêve une femme qui lui tint les propos suivants : « Je suis une mère seule et malade, avec des enfants en bas âge. Je vous demande de nous laisser trois jours avant de détruire le tertre afin que je puisse déménager toute la famille. »

En se réveillant le lendemain, il apprit que les élèves avaient fini le déblaiement. À ses questions, les élèves répondirent qu'ils avaient vu un serpent caché dans les pierres. Ils l'avaient blessé. Mais le reptile avait réussi à s'enfuir. Par contre ils avaient récupéré deux œufs sur le point d'éclore.

Nguyễn-Trãi pensa alors que la femme dans le rêve n'était autre que le serpent venu lui demander d'épargner sa nichée. Il regretta beaucoup de ne pas avoir pu exaucer la prière et s'en inquiéta. Il prit les œufs chez lui et s'arrangea pour les conserver jusqu'à l'éclosion. Deux petits serpents en sortirent, un long et l'autre court. Nguyễn-Trãi les relâcha dans les champs. Un soir qu'il était en train de lire, le serpent blessé parvint à s'introduire dans la charpente au-dessus du bureau. Il laissa tomber des gouttes de sang, qui traversèrent trois pages du livre ouvert sur la table.

Des années après, la guerre était finie et Nguyễn-Trãi, couvert d'honneurs, se retira dans son village. Un jour, en se promenant, il fit la connaissance d'une ravissante jeune fille du nom de Thị-Lộ, qui vendait des tapis. Il la trouva pleine d'esprit, très douée pour les joutes littéraires, il apprit qu'elle était orpheline. Il lui proposa alors de la prendre à son service, ce qu'elle accepta. Bientôt, il l'adopta. En ce temps-là, le roi Lê-Thái-Tông, succédant à Lê-Lợi sur le trône, avait l'habitude de venir rendre visite à l'ancien conseiller de son père. Appréciant les talents littéraires de Thị-Lộ, il aimait la convoquer dans ses quartiers privés pour l'écouter. Un jour, en revenant d'une inspection, le roi se rendit chez Nguyễn-Trãi pour passer la nuit. Comme à l'accoutumée, il demanda à Thị-Lộ de venir lui réciter des poèmes.

Le lendemain, on constata que le roi avait été empoisonné. Thị-Lộ fut accusée du régicide et, selon la coutume de l'époque, toute la famille de Nguyễn-Trãi fut exécutée, jusqu'à la troisième génération. On raconte que lorsque les soldats s'apprêtaient à arrêter Thị-Lộ, celle-ci se transforma en serpent et réussit à s'enfuir par la rivière. C'était donc la vengeance du serpent du songe.

NGUYỄN-XUÂN-HÙNG

L'auteur est né à Nha Trang, au Viêt-nam, en 1942. Très tôt passionné par le voyage, il entreprend à seize ans un périple à bicyclette, depuis sa ville natale jusqu'au delta du Mékong, en passant par les Hauts-Plateaux. C'était une véritable aventure pour l'époque, le pays était en guerre, les routes peu sûres, traversant les forêts tropicales.

Ses études le conduisent ensuite en France, où il commence, muni de ses diplômes, une carrière dans l'informatique. Ses deux enfants, nés en France, lui posent souvent des questions sur leur identité ; c'est à eux que s'adressent ces contes vietnamiens, mais aussi aux nombreux autres jeunes Vietnamiens nés hors de leur pays.

## Frédéric Sochard

L'illustrateur est né en 1966. Après des études aux Arts Décoratifs, il travaille comme infographiste et fait de la communication d'entreprise, ce qui lui plaît beaucoup moins que ses activités parallèles de graphiste traditionnel : création d'affiches et de pochettes de CD. Depuis 1996, il s'auto-édite et vend « ses petits bouquins », de la poésie, sur les marchés aux livres... Pour le plaisir du dessin, il s'oriente désormais vers l'illustration de presse et la jeunesse. Et avec tout ça, il a trouvé le temps de faire plusieurs expositions de peinture...

## Table des matières

Imprimé à Barcelone par:

BLACK PRINT

Dépôt légal : août 2010
N° d'édition : L.01EJEN000455.C002
Loi n° 49 956 du 16 juillet 1949
sur les publications destinées à la jeunesse